DOM PAULO

Agenor Brighenti   Juan José Tamayo (orgs.)

DOM PAULO

Testemunhos e memórias sobre o Cardeal dos Pobres

Paulinas

Dados Internacionais de Catalogação na Publicação (CIP)
(Câmara Brasileira do Livro, SP, Brasil)

Dom Paulo : testemunhos e memórias sobre o Cardeal dos pobres / Agenor Brighenti, Juan José Tamayo, (organizadores). – São Paulo : Paulinas, 2018. – (Sal & luz)

Vários autores.
ISBN 978-85-356-4361-9

1. Arns, Paulo Evaristo, 1921-2016 2. Cardeais - Biografia 3. Igreja Católica - Brasil - História 4. Testemunhos 5. Vida religiosa I. Brighenti, Agenor. II. Tamayo, Juan José. III. Série.

17-11798 CDD-922

Índice para catálogo sistemático:

1. Cardeais : Biografia e obra 922

1ª edição – 2018

Direção-geral:	Flávia Reginatto
Conselho editorial:	Dr. Antonio Francisco Lelo
	Dr. João Décio Passos
	Maria Goretti de Oliveira
	Dr. Matthias Grenzer
	Dra. Vera Ivanise Bombonatto
Editores responsáveis:	Vera Ivanise Bombonatto
	João Décio Passos
Copidesque:	Mônica Elaine G. S. da Costa
Coordenação de revisão:	Marina Mendonça
Revisão:	Sandra Sinzato
Gerente de produção:	Felício Calegaro Neto
Diagramação:	Jéssica Diniz Souza

Nenhuma parte desta obra poderá ser reproduzida ou transmitida por qualquer forma e/ou quaisquer meios (eletrônico ou mecânico, incluindo fotocópia e gravação) ou arquivada em qualquer sistema ou banco de dados sem permissão escrita da Editora. Direitos reservados.

Paulinas

Rua Dona Inácia Uchoa, 62
04110-020 – São Paulo – SP (Brasil)
Tel.: (11) 2125-3500
http://www.paulinas.org.br – editora@paulinas.com.br
Telemarketing e SAC: 0800-7010081
© Pia Sociedade Filhas de São Paulo – São Paulo, 2018

Sumário

Introdução 11

I. DOM PAULO
O cardeal que não conheceu o medo
(O reconhecimento de bispos e teólogos)

De esperança em esperança, sem se abater 21
Dom Mauro Morelli

Paulo Evaristo, irmão e amigo! 25
Dom Angélico Sândalo Bernardino

O homem que não conheceu o medo 29
Frei Betto

Dom Paulo Evaristo Arns:
Mestre, intelectual e amigo dos pobres 35
Leonardo Boff

Dom Paulo Evaristo Arns: A voz dos sem-voz e sem-vez 41
Agenor Brighenti

Dom Paulo Evaristo, modelo de pastor 45
Antônio Manzatto

Cardeal Arns, nas trilhas da Teologia da Libertação 49
Juan José Tamayo

Um profeta caminhou entre nós 57
EDUARDO DE LA SERNA

Um bispo com uma palavra adequada
para seu momento histórico...61
FERNANDO ALTEMEYER JUNIOR E JÚLIO RENATO LANCELLOTTI

II. DOM PAULO
Apóstolo dos Direitos Humanos
(Depoimentos de intelectuais e militantes cristãos)

Adolfo Pérez Esquivel: Dom Paulo Arns me salvou
duas vezes da ditadura brasileira 79
MÁRCIA CARMO

Dom Paulo mudou o rumo de minha vida 85
FÁBIO KONDER COMPARATO

Pastor com cheiro de ovelha 91
JOÃO DÉCIO PASSOS

Cardeal Arns: Construtor de uma Igreja pobre
e para os pobres 101
LUÍS MIGUEL MODINO

III. DOM PAULO
O Cardeal da Esperança
(Repercussões e destaques na imprensa)

Morreu o cardeal de muitos epítetos.................................109
PEDRO DEL PICCHIA

Morre cardeal-profeta...117
MAURO LOPES

Morre Dom Paulo Evaristo Arns,
"O Cardeal da Esperança"...121
CAMILA MORAES

Dom Paulo Evaristo Arns:
o "Arcebispo da Esperança" se despede 127
JORNAL O GLOBO

Dom Paulo Evaristo Arns:
Símbolo da luta contra a Ditadura......................................133
A REDAÇÃO DE CARTACAPITAL

Dom Paulo Evaristo Arns, um tipo inesquecível 139
CLÓVIS ROSSI

IV. DOM PAULO
Uma figura gigantesca
(Notas biográficas)

Dom Paulo Evaristo, cardeal Arns, meu irmão 147
OTÍLIA ARNS

O que posso falar de Dom Paulo que ainda
não tenha sido falado? 159
MARIA ÂNGELA BORSOI

Como Dom Paulo mexeu com nossas vidas.........................177
ENTREVISTA COM ANA FLORA ANDERSON

Filho do Concílio Vaticano II:
Frei Paulo Evaristo Cardeal Arns 189
FERNANDO ALTEMEYER JUNIOR

Dom Paulo Evaristo Arns, OFM 199
FREI CLARÊNCIO NEOTTI

Epílogo 307
JUAN JOSÉ TAMAYO

Introdução

Este livro é um tributo a um dos personagens singulares da Igreja Católica no Brasil, de quem se vai falar por séculos. Mesmo em sua ausência, ele continuará inspirando processos pastorais, na perspectiva da renovação do Vaticano II e da tradição libertadora latino-americana, tal como o fez desde a década de 1970, até seu último dia como arcebispo de São Paulo. Sua páscoa recente suscitou reações de amigos, colaboradores e admiradores, que mereciam e precisavam ser registradas e divulgadas como um tributo a sua memória e gratidão por sua profícua obra.

A ideia da compilação de alguns destes pronunciamentos, publicados por ocasião da morte de Dom Paulo Evaristo Arns, foi do teólogo espanhol Juan José Tamayo. Ele enviou-me um texto sobre o "bispo dos pobres", publicado num jornal de Madri, e eu enviei-lhe um texto meu, publicado no Jornal *Gazeta do Povo*, em Curitiba. Sua reação foi imediata: "Por que vocês não publicam no Brasil um livro que recolha pelo menos uma parte destes pronunciamentos?". Respondi-lhe em seguida: "E por que não nós dois organizarmos o livro?". Ele topou. Fiz, então, a proposta de publicação do livro às Irmãs Paulinas, que acolheram prontamente o projeto, e nos pusemos a trabalhar.

Catarinense como Dom Paulo, para mim, é um privilégio participar deste livro. Sua terra natal, Forquilhinha, pertencia à nossa Diocese de Tubarão; hoje, Diocese de Criciúma. Naquela antiga aldeia de colonização alemã e hoje cidade industrial, os franciscanos fazem presença secular no serviço à causa do Reino. À Diocese, suas três irmãs religiosas deram e continuam dando grande contribuição, em especial através da Pastoral da Criança, uma criação da irmã de sangue de Dom Paulo, a médica Zilda Arns. Como coordenador de pastoral da Diocese de Tubarão na década de 1980, tive a satisfação de colaborar estreita e concretamente com este projeto junto à Irmã Ilda Arns. Foi ela quem implantou a Pastoral da Criança na Diocese e foi sua coordenadora diocesana por décadas. Com esta obra, milhares e milhares de crianças são ainda hoje atendidas e acompanhadas, e centenas delas salvas com recursos simples, econômicos, mas muito eficazes. Dom Paulo sempre esteve ligado à Pastoral da Criança, desde sua criação. Com o tempo, a obra ultrapassou fronteiras, tanto que a fundadora morreu no terremoto do Haiti trabalhando pelas crianças em situação de vulnerabilidade.

Dom Paulo Evaristo Arns influenciou diretamente toda uma geração de padres e militantes cristãos de três décadas – 1970, 1980 e 1990 –, o período de exercício de seu ministério como teólogo e bispo. Eram tempos difíceis, marcados pelo subdesenvolvimento e pela repressão da ditadura militar, mas também pela utopia e o heroísmo da "irrupção dos pobres" e do "terceiro mundo". Encontrei-me com Dom Paulo em várias oportunidades. Relato, brevemente, três delas, pois revelam características de sua personalidade e grandeza.

Conheci pessoalmente o arcebispo em 1976, quando veio a Florianópolis receber uma homenagem e dar uma conferência no auditório da Assembleia Legislativa. Eu era estudante de teologia e líder estudantil, com militância nos movimentos sociais de então. Foi uma conferência magistral. Sobrou gente do lado de fora do auditório. Em pleno regime da ditadura militar, Dom Paulo fez um pronunciamento profético, lúcido e corajoso, típico dos profetas arrebatados pelo senso da justiça e dos direitos dos injustiçados. Fazia nosso coração arder pela causa do Reino e superar o medo dos delatores a serviço da ditadura, infiltrados em todos os espaços. O teor de seu pronunciamento foi a defesa e a promoção dos direitos humanos. Naquela oportunidade, acontecia mais uma ofensiva da "Operação Barriga Verde", com a finalidade de prender ativistas sociais. Uma ofensiva do regime militar que se havia iniciado em 1974 e só terminaria em 1979. A Operação prendeu 42 pessoas. Naquele ano, em Florianópolis, foram presos Marcos Cardoso Filho (engenheiro eletricista, professor da Universidade Federal de Santa Catarina), Roberto João Mota (ex-deputado estadual pelo PMDB) e Alécio Verzola (militante dos movimentos sociais no Morro da Caixa). Como membro da Comissão Justiça e Paz da Arquidiocese, tendo à frente Dom Afonso Nieheus, visitávamos regularmente estes presos políticos, no porão do quartel da polícia militar na Rua Rio Branco.

Na época, a exemplo de Dom Paulo, tínhamos bispos muito engajados. Em Santa Catarina, merecem destaque também Dom José Gomes, bispo de Chapecó, e Dom Gregório Warmeling, bispo de Joinville. Mas inspiravam-nos na militância dezenas de bispos do Brasil da envergadura de Dom Helder Câmara, Dom

Ivo Lorscheiter, Dom Tomás Balduino, Dom Aloísio Lorscheider, Dom Antônio Fragoso, Dom Waldir Calheiros, Dom Adriano Hipólito, Dom Orlando Dotti, Dom Luciano Mendes de Almeida, Dom José Maria Pires, só para citar alguns dentre os já falecidos. E não eram só bispos, havia também centenas e centenas de padres, religiosas, leigos e leigas, muitos dos quais são contados hoje entre nossos "mártires das causas sociais", cujo primeiro santo já o temos com a canonização de Dom Oscar Romero.

Um segundo encontro pessoal com Dom Paulo deu-se em 1978, em São Paulo. Juntamente com Lino Brunel, hoje padre e coordenador de pastoral da Diocese de Tubarão. Éramos, então, estudantes de teologia e professores no Seminário da Diocese, e passando por São Paulo fomos recebidos por ele em sua casa. Um cardeal recebendo dois seminaristas, sem assunto na agenda, só por sermos catarinenses e da Diocese de sua terra natal. Tivemos mais de uma hora de encontro, de alegre e agradável conversa. Fiquei imaginando que costumasse fazer isso com todos os que batiam à sua porta, em especial os pobres, perseguidos ou defensores de direitos usurpados pela então ditadura militar. Dom Paulo ouvia e dizia, perguntava e argumentava, sorria, mas também mostrava firmeza, quando se tratava de situações de direitos violados.

Outro momento de encontro com Dom Paulo, marcante para mim, foi na Conferência Geral dos Bispos da América Latina e do Caribe, em Santo Domingo, por ocasião da celebração dos quinhentos anos de evangelização, em 1992. Eu trabalhei na organização da metodologia da Assembleia junto a Jorge Jiménez Carvajal, hoje arcebispo de Cartagena, Colômbia. Eram tempos de enfrentamento direto entre a tradição eclesial libertadora da

América Latina e os setores conservadores alinhados à Cúria Romana. A Conferência de Santo Domingo foi um evento tenso, de controle escancarado por parte da Cúria Romana, mas também de debate, de posicionamentos proféticos e de proposições ousadas, mas que infelizmente não foram recolhidas no documento final. Lembro-me das intervenções corajosas de Dom Paulo, de Dom Mauro Morelli, de Dom Aloísio Lorscheider, do profético Dom Ivo Lorscheiter, de Dom Angélico, assim como do trabalho eficiente de Dom Luciano Mendes de Almeida na Comissão de Redação. O cardeal Martini, participante da Assembleia enquanto presidente da Conferência Episcopal Europeia, não teve dúvidas em defender a tradição libertadora latino-americana. Assim como o cardeal Eduardo Pironio, isolado na Cúria Romana, mas com a lucidez, a amabilidade e a coragem de sempre. Eu me perguntava onde estes grandes homens encontravam tanta força para resistir, argumentar, protestar, sem perder a ternura e a esperança. Tinha razão Dom Paulo: só indo "de esperança em esperança", alicerçados na fé.

De início, compor este livro parecia tarefa fácil. Bastaria recolher e ordenar pronunciamentos veiculados na grande imprensa, por ocasião da morte de Dom Paulo. Mas a dificuldade apresentou-se diante da necessidade de selecionar textos, dentre a grande quantidade encontrada. Também seria necessário que algum familiar de Dom Paulo participasse da obra, seus bispos auxiliares, confrades, colaboradores e colaboradoras. Sem falar nos critérios de agrupação dos textos. Optou-se por estruturar o livro em quatro seções.

O primeiro bloco reúne pronunciamentos de bispos auxiliares de Dom Paulo e de teólogos, que põem em relevo, particularmente, seu ministério episcopal. Dos bispos auxiliares de Dom Paulo, estão recolhidos textos de Dom Mauro Morelli e de Dom Angélico Sândalo Bernardino. Dentre os teólogos, estão os tributos de Frei Betto, Leonardo Boff, Agenor Brighenti, Antônio Manzatto, Juan José Tamayo, Eduardo de la Serna, e a entrevista de Fernando Altemeyer Júnior e Júlio Lancelotti.

A segunda seção do livro recolhe pronunciamentos de intelectuais e militantes cristãos, que colocam em destaque, principalmente, o trabalho de Dom Paulo em prol da defesa e da promoção dos direitos humanos, em especial ante a ditadura militar. Nesta perspectiva, estão o testemunho de Adolfo Pérez Esquivel, Fábio Konder Comparato e do missionário espanhol na Amazônia Luís Miguel Modino.

A terceira seção do livro reúne ecos da grande imprensa, que expressam a repercussão da vida e da obra de Dom Paulo para além das fronteiras eclesiais. Selecionamos os textos de Pedro Del Picchia (*Folha de São Paulo*), de Mauro Lopes (*Outras Palavras*), de Camila Moraes (Jornal *El País*), da Redação de *O Globo*, da Redação de *CartaCapital* e de Clovis Rossi (*Portal UOL*).

A quarta seção do livro traz dados da biografia de Dom Paulo, com testemunhos de pessoas que conviveram com ele, conhecendo-o no cotidiano. Primeiramente, uma irmã dele, Otília Arns, relata episódios só conhecidos por familiares, com detalhes curiosos que mostram a grandeza de uma vida baseada na simplicidade e na busca da realização de grandes ideais. Na sequência, estão registros únicos da secretária do arcebispo durante todo o período do exercício de seu ministério em São Paulo – Maria Ângela Borsoi. Também foi ela quem revisou e completou a lista da bibliografia "de" e "sobre" Dom Paulo, assim como catalogou as fotos recolhidas neste livro, dentre as mais de nove mil guardadas no acervo de Dom Paulo, nos arquivos da Cúria da Arquidiocese. Segue o testemunho da Irmã Maria Flora Anderson, colaboradora próxima de Dom Paulo, mostrando como ele mexeu e marcou a vida de tanta gente. Depois vêm os registros de Fernando Altemeyer Júnior, que por anos foi uma espécie de porta-voz do arcebispo junto aos meios de comunicação. E, finalmente, concluindo a seção biográfica, uma biografia, quase completa e exaustiva, feita por um confrade de Dom Paulo, frei Clarêncio Neotti, que recolhe uma grande quantidade de dados preciosos de uma vida quase secular.

Fechamos o livro com um epílogo de Juan José Tamayo, um dos organizadores da obra, que dá uma visão global da vida e obra de Dom Paulo, em um texto escrito em forma de "decálogo".

Ao final de cada seção, há uma breve resenha de algumas fotos significativas e marcantes da vida e trajetória do Cardeal da Esperança, amigo e defensor dos pobres.

Agenor Brighenti

I

Dom Paulo
O cardeal que não conheceu o medo

(O reconhecimento de bispos e teólogos)

De esperança em esperança, sem se abater

DOM MAURO MORELLI*

Com o coração agradecido, uno-me a tantas vozes louvando a Deus pela vida do mestre, pastor e profeta arrebatado hoje para o Reino da Vida.

Em 1968 ocorreu, de fato, a efetiva separação e ruptura da Igreja com o Estado. Nesse contexto o Papa Paulo VI, em 1970, convoca o cardeal Rossi a Roma para assumir a Congregação

---

* *Dom Mauro Morelli*, em 12 de dezembro de 1974, foi nomeado bispo auxiliar de São Paulo pelo Papa Paulo VI, recebendo a ordenação episcopal de Dom Paulo Evaristo Arns em 25 de janeiro de 1975. Trabalhou com Dom Paulo até 1981, quando se deu a divisão da Arquidiocese de Paulo em várias dioceses, no pontificado de João Paulo II. Em 25 de maio de 1981, foi nomeado, pelo mesmo Papa, primeiro bispo da então criada Diocese de Duque de Caxias, na Baixada Fluminense, onde permaneceu por 24 anos, até 12 de junho de 2005. Desde 2005 é bispo missionário, dedicado à promoção e defesa do direito humano básico ao alimento e à nutrição. Sendo o meio ambiente determinante, passou a morar na Serra da Canastra como missionário em território com grave conflito social e ambiental.

para a Evangelização dos Povos e designa Dom Paulo como arcebispo da capital paulista.

Franciscano enamorado da Senhora Pobreza e irmão de toda criatura, historiador e profundo conhecedor da Teologia dos Padres da Igreja dos primeiros séculos, o bispo catarinense Paulo Evaristo fora providencialmente escolhido para um pastoreio que exigiria firmeza na fé, capacidade de leitura da realidade e determinação. Paulo VI tinha um olhar penetrante.

Com a presidência de Dom Paulo, a regional paulista da CNBB reveste-se de estrutura colegiada, promovendo o ministério da coordenação que provoca intenso intercâmbio entre as dioceses, com a participação dos presbíteros e leigos, casais e jovens.

Um processo de planejamento pastoral foi inaugurado e instalado como exercício da colegialidade pastoral e da sinodalidade eclesial como instrumento de resposta adequada da evangelização às exigências e provocações da realidade dominada pela ferocidade do Poder Econômico.

Como fruto do diálogo dos bispos com religiosos e religiosas, em assembleia conjunta, foi firmado o documento "Vida Religiosa na Igreja Particular". Superando a si mesmo, o episcopado paulista assume a defesa da vida e da dignidade humana com o pronunciamento pastoral contra a tortura: "Testemunho de Paz" (Documento de Brodosqui), posteriormente reeditado como "Não oprimas teu irmão".

À frente da Arquidiocese de São Paulo, Dom Paulo Evaristo, por recomendação do Papa Paulo VI, aplicando os princípios da colegialidade pastoral e da sinodalidade, encaminha um projeto inovador de Igreja nas grandes cidades, em que autonomia e comunhão seriam marcas das estruturas eclesiásticas, não a independência e o isolamento.

O colégio episcopal por ele presidido assume a tarefa da formação de nove dioceses com regime especial de comunhão de bens e de responsabilidades. A sinodalidade é vivenciada no processo de planejamento pastoral em que se definiam diretrizes e prioridades. Assim, em todas as regiões e em todos os níveis da Igreja Arquidiocesana, quatro prioridades tornam-se compromisso da Igreja em sua vida e missão: *Comunidades Eclesiais de Base, Operação Periferia, Mundo do Trabalho e Direitos Humanos.*

O testemunho pessoal de Dom Paulo foi a força que aglutinou as energias da cidadania, que não se dobrou diante da repressão violenta e cruel. A coerência de Dom Paulo, ao abrir mão do palácio por uma simples casa, a comunhão de bens por ele praticada e incentivada, a determinação de caminhar de esperança em esperança sem se abater, de tranco em tranco com ousadia e muita coragem, fez dele o pastor amado pelos pobres, oprimidos e perseguidos. Em longos anos como emérito, sem desmerecer os que o sucederam, permaneceu sendo o bispo de São Paulo.

Com a morte de Paulo VI, novos ventos sopraram e agitaram a Barca de Pedro. Em tempo de crise, a busca de refúgio e de preservação da espécie dá ensejo ao surgimento da centralização e do conservadorismo. A crise atual é mais séria e profunda do que muitos imaginam! Crise civilizatória. Assim perdemos a oportunidade de ser Igreja nos grandes centros urbanos, sem esquartejar bairros e ruas, reféns de nossos feudos e estruturas inadequadas.

Sinto-me honrado e privilegiado pelos dez anos de fraternidade e companheirismo com o saudoso franciscano pastor das periferias geográficas e existenciais, intrépido defensor da dignidade humana e promotor de democracia, Paulo Evaristo Arns, que me ordenou bispo.

Nossa jornada começou numa carona que lhe dei em 08.12.69, para o almoço depois da ordenação episcopal do capuchinho Dom Daniel Tomasella, segundo bispo de Marília. Inúmeras viagens e memórias do meu mestre e irmão, bispo Paulo Evaristo. Na comunhão dos santos, interceda pela Terra da Santa Cruz, neste tempo de trevas! Paz e Bem.

Paulo Evaristo, irmão e amigo!

DOM ANGÉLICO SÂNDALO BERNARDINO[*]

De 1975 a 1998, integrei o grupo de bispos auxiliares da Arquidiocese de São Paulo, vivendo, trabalhando, em profunda comunhão, com Dom Paulo Evaristo, nosso amado arcebispo, verdadeiro dom de Deus para seu povo. Foi ele quem me ordenou bispo, na Catedral da Sé, no dia 25 de janeiro de 1975. Foram anos de graça, aprendizado, de absorvente entrega à causa da construção do Reino de Deus, feito de amor, misericórdia, verdade, justiça e paz. Uma amizade que perdurou durante todo o

---

[*] *Dom Angélico Sândalo Bernardino* foi nomeado bispo auxiliar de São Paulo pelo Papa Paulo VI, em 12 de dezembro de 1974. Recebeu a ordenação episcopal pelo cardeal Dom Paulo Evaristo Arns. Na Arquidiocese de São Paulo, teve atuação marcante em favor da população menos favorecida, sendo bispo responsável pela Pastoral Operária. Quando a Arquidiocese de São Paulo dividiu-se em várias Dioceses, foi nomeado pelo Papa João Paulo II, aos 19 de abril de 2000, para ser o primeiro bispo da nova Diocese de Blumenau. Tomou posse em Blumenau no dia 24 de junho de 2000. Em 18 de fevereiro de 2009, teve a sua renúncia aceita, por limite de idade, pelo Papa Bento XVI, no governo da Diocese de Blumenau. É membro da Subcomissão para os Bispos Eméritos da CNBB.

tempo em que fui bispo diocesano de Blumenau e, depois, como bispo emérito.

A respeito do muito que teria a testemunhar de meu irmão e amigo Dom Paulo Evaristo, destaco os seguintes pontos:

- O catarinense de Forquilhinha, Dom Paulo, recebeu de seus pais Gabriel e Helena, da alegria do amor da família, verdadeira Igreja doméstica, a herança de profundo amor a Deus, à Igreja e ao trabalho. Sua família simples, de profunda vivência comunitária, foi verdadeiro celeiro vocacional, com ênfase às vocações à vida religiosa, missionária.

- Franciscano, de excelente formação humana, bíblica, teológica, pastoral e espiritual, Dom Paulo era a alegria em pessoa, louvando ao Pai Criador por todas as suas maravilhas. Sua vida marcada por intensa vida de oração, contemplação, estava centrada em Cristo, no vigor do Espírito Santo, estando entregue ao anúncio da Boa-Nova de Jesus. Contemplava o mundo, a humanidade, com esperança, sendo poético e, quando o conheci, não dispensava boas baforadas no cachimbo. Nos passos de São Francisco de Assis, tinha firme e evangélica opção pelos pobres, marginalizados, migrantes.

- Nos longos anos da ditadura civil/militar, levantou, com firmeza inabalável, a voz profética em defesa da vida, da liberdade e da verdade. Acolhia e visitava presos políticos, dando-lhes conforto e esperança. Foi perseguido por seu amor à justiça, sendo bem-aventurado.

- Amou profundamente a Igreja. Viveu em intensa comunhão com o Papa. Guardou serenidade, paz, diante de incompreensões, perseguições, advindas de setores da Igreja, inclusive, em determinadas ocasiões, da própria Cúria Romana.

- Simples, acolhedor, bom pastor, marcou presença na Arquidiocese de São Paulo, como o arcebispo da comunhão e participação. Formou com os bispos auxiliares verdadeiro "colégio episcopal", em autêntica, edificante, comunhão de vida, pastoreio. Foi o pai acolhedor dos padres, religiosos, religiosas. Valorizou ao máximo a presença dos leigos, em especial, das mulheres na Igreja. Homem de amplo diálogo ecumênico, inter-religioso. As escolhas das prioridades pastorais sempre foram decididas com ampla participação de todo o Povo de Deus, congregado em memoráveis Assembleias Arquidiocesanas. A exemplo do Mestre, colocou-se a serviço de todos. Incentivou, com entusiasmo, a existência de Igreja missionária, começando pelas periferias, alargando-se para Itacoatiara, Igreja-irmã no Amazonas. Em testemunho de evangélica, franciscana, pobreza, vendeu o Palácio Arquiepiscopal, passando a residir em casa comum, despojando-se de condições principescas, fazendo-se irmãos de todos!

- Dom Paulo Evaristo, cardeal Arns, arcebispo emérito de São Paulo, ainda hoje é o amado pastor, referência na vida da metrópole. Poucos dias antes de sua partida para o céu, estive junto a seu leito no Hospital Santa Catarina. Rezamos o Pai--Nosso, e eu apertei-lhe a mão. Combalido, a voz ofegante, rosto sereno, o amado benemérito arcebispo de São Paulo me disse: "Angélico, coragem! Avante sempre, na esperança". Afirmação que constantemente iluminou, marcou, sua vida de franciscano, de cardeal arcebispo de São Paulo, ardoroso apóstolo de Jesus.

Na Catedral da Sé, ao término da homilia que fiz na missa de seus funerais, proclamei com toda multidão presente, na certeza da ressurreição: Dom Paulo está vivo, está presente! Na feliz eternidade, onde o senhor se encontra, rogue a Deus por nós, pela Igreja, por toda a humanidade!

O homem que não conheceu o medo

Frei Betto*

20 de janeiro de 1970. Dom Paulo Evaristo Arns obteve, enfim, permissão para visitar os frades dominicanos encarcerados no Presídio Tiradentes, em São Paulo. Franciscano, o bispo auxiliar do cardeal Agnelo Rossi era responsável pela Pastoral Carcerária. Diante do diretor do presídio, narramos ao prelado nossas prisões, torturas, interrogatórios e ameaças recebidas.

---

* *Carlos Alberto Libânio Christo,* ou Frei Betto, OP, é um frade dominicano e escritor. Professou na Ordem Dominicana, em 10 de fevereiro de 1966, em São Paulo. Em 1962, foi escolhido como dirigente nacional da Juventude Estudantil Católica (JEC). Esteve preso por duas vezes sob a ditadura militar: em 1964, por 15 dias; e entre 1969 e 1973. Após cumprir quatro anos de prisão, teve sua sentença reduzida pelo STF para dois anos. Após sair da prisão, foi trabalhar até o final da década de 1970, construindo Comunidades Eclesiais de Base (CEB's) na Arquidiocese de Vitória (Espírito Santo). Na década de 1980, foi para São Paulo trabalhar como assessor da Pastoral Operária na Região de São Bernardo do Campo. Frei Betto recebeu vários prêmios por sua atuação em prol dos direitos humanos e a favor dos movimentos populares.

21 de outubro de 1970. O Papa Paulo VI declarou que o método de torturas se espalhava pelo mundo como uma epidemia, sem referência direta ao Brasil. Citou, porém, "um grande país" no qual se aplicavam "torturas, isto é, meios policiais cruéis e desumanos para extorquir confissões dos prisioneiros". Acrescentou que esses meios "devem ser condenados abertamente".

22 de outubro de 1970. Ao desembarcar em Guarulhos, procedente de Roma, o cardeal Agnelo Rossi, presidente da Conferência Nacional dos Bispos do Brasil (CNBB), declarou que "no Brasil não existe perseguição religiosa, e, sim, uma campanha de difamação dirigida do exterior contra o governo brasileiro". Na tarde do mesmo dia, Dom Rossi foi destituído pelo Vaticano do arcebispado de São Paulo e nomeado prefeito da Congregação de Evangelização dos Povos, em Roma. No mesmo ato, o Papa nomeou Dom Paulo Evaristo Arns para sucedê-lo à frente da Arquidiocese paulistana.

23 de outubro de 1970. Recebemos, no Presídio Tiradentes, a visita de Dom Paulo. Concedeu-nos a honra de sua primeira visita pastoral como novo arcebispo. Dali partiu para o retiro que antecedia a sua posse, a 1º de novembro de 1970.

21 de novembro de 1970. Fomos despertados às seis da manhã pela visita de Dom Paulo. Veio celebrar conosco no Presídio Tiradentes. O altar, um caixote vazio de maçãs; o cálice, um copo americano; o templo, uma cela apertada; os fiéis, prisioneiros em sua maioria.

Janeiro de 1971. Dom Paulo denunciou a prisão do padre Giulio Vicini e da agente pastoral Yara Spadini. Encontrados com manifestos de protesto contra a morte do operário Raimundo Eduardo da Silva – que se achava recolhido ao Hospital Militar à disposição das autoridades policiais –, foram torturados no Deops. O arcebispo invadiu a repartição e conseguiu avistar os dois, que lhe mostraram as marcas das sevícias. Indignado, mandou afixar em todas as paróquias da Arquidiocese nota em defesa dos presos e de denúncia das torturas sofridas.

5 de maio de 1971. O general Médici recebeu, no Palácio do Planalto, Dom Paulo, que lhe relatou casos de torturas. O ditador, com a rispidez que o caracterizava, não se fez de rogado e reiterou: "Elas existem e vão continuar porque são necessárias. E a Igreja que não se meta, porque o próximo passo será a prisão de bispos…".

23 de dezembro de 1971. À tarde, hora das visitas, Dom Paulo foi ao Presídio Tiradentes. Percorreu cada uma das celas. Demos a ele uma grande cruz de couro – a Comenda do Cárcere – pirogravada com versículos do Evangelho, trechos do Documento de Medellín e nomes de todos os revolucionários assassinados. Gravamos: "O Bom Pastor é aquele que dá a vida por suas ovelhas".

12 de maio de 1972. Dom Paulo, nosso mediador na greve de fome coletiva, esteve na Penitenciária do Estado, onde nos encontrávamos misturados aos presos comuns. Não nos permitiram vê-lo. Segundo o diretor, só podíamos falar com os advogados. Porém, soubemos que o arcebispo o advertiu de que está historicamente comprovado que medidas de isolamento carcerário geralmente precedem a eliminação física…

Em encontro com o juiz Nelson Guimarães, do Tribunal Militar, o arcebispo questionou-o: "O senhor sabe que é responsável pela vida dos presos?" O juiz auditor assentiu: "Assumo a responsabilidade se vierem a morrer". Dom Paulo retrucou: "Meu filho, assume dois ou três dias. Depois, não assume mais. Sua consciência passa a martirizá-lo. E que contas dará o senhor perante si mesmo e perante Deus?". O juiz respondeu de cabeça baixa: "O senhor tem razão".

Vladimir Herzog suicidado. Dom Paulo decidiu celebrar missa solene na Catedral da Sé em homenagem a ele. Judeus que apoiavam a ditadura tentaram demover o cardeal: "Por que missa para Herzog? Era judeu!". Dom Paulo respondeu: "Jesus também".

O cardeal Paulo Evaristo Arns era um dos homens mais corajosos que conheci. Imbuído da fé que caracterizou seu patrono e modelo, Francisco de Assis, jamais pensou no próprio sucesso. Sua vida dedicada ao próximo veio a público, com riqueza de detalhes, na obra *Dom Paulo Evaristo Arns: um homem amado e perseguido*, de Evanize Sydow e Marilda Ferri.

Se a história da independência do Brasil não pode ignorar Tiradentes, nem o movimento ecológico de Chico Mendes, a resistência à ditadura que nos governou 21 anos deve muito à figura ímpar de Dom Paulo. O mesmo cuidado amoroso que São Francisco dedicava aos pobres e à natureza, Dom Paulo estendeu às vítimas da repressão.

O livro *Brasil: Nunca Mais* é uma radiografia irrespondível da ditadura, graças à iniciativa de Dom Paulo e do Pastor Jaime Wright, que promoveram uma devassa nos arquivos da Justiça Militar. Analisaram o conteúdo de mais de um milhão de páginas de processos políticos. A anistia ainda evita que torturadores paguem por seus crimes. Mas, graças a esses dois pastores, não se apagarão da memória brasileira o terror de Estado e o sofrimento de milhares de vítimas.

Dom Paulo Evaristo Arns rezou, com a vida, a oração de São Francisco de Assis, adaptada aos nossos tempos: "Senhor, fazei-me instrumento de vossa paz. Onde houver... repressão e pobreza, que eu leve liberdade e justiça".

Dom Paulo Evaristo Arns
Mestre, intelectual e amigo dos pobres*

LEONARDO BOFF**

Perdi um mestre, um mecenas, um protetor e um amigo entranhável. Coisas importantes vão ser ditas e escritas sobre o cardeal Dom Paulo Evaristo Arns, falecido no último dia 14.

Conheci-o no final dos anos 1950, em Agudos (SP), quando ele ainda era seminarista. Voltou de Paris com fama de ser doutor pela Sorbonne. No seminário, com cerca de 300 estudantes, introduziu metodologias pedagógicas novas. Depois, vim a co-

---

* Texto publicado em vários jornais e redes sociais em 16 de dezembro de 2016.
** *Leonardo Boff* é teólogo, escritor e professor universitário brasileiro, expoente da Teologia da Libertação no Brasil e conhecido internacionalmente por sua defesa dos direitos dos pobres e excluídos. Foi membro da Ordem dos Frades Menores (franciscanos) e, depois, professor emérito de Ética, Filosofia da Religião e Ecologia na Universidade do estado do Rio de Janeiro e em outras universidades estrangeiras. Seu trabalho atual está relacionado principalmente às questões ambientais.

nhecê-lo, em Petrópolis, como professor dos padres da Igreja e da história cristã dos dois primeiros séculos.

Foi nosso mestre de estudantes durante todo o tempo da teologia em Petrópolis, de 1961 a 1965. Acompanhava com zelo cada um em suas buscas; o olhar profundo parecia ir ao fundo da alma. Era alguém que sempre procurou a perfeição.

Durante quatro anos, o acompanhei na pastoral da periferia. Nas quintas-feiras à tarde, no sábado à tarde e no domingo todo, acompanhei-o na capela do bairro Itamarati, em Petrópolis. Visitava casa por casa, especialmente as famílias portuguesas que cultivavam flores e hortas. Aonde chegava, logo fundava uma escola.

Era um intelectual refinado, conhecedor profundo da literatura francesa. Escreveu 49 livros. Instigava-nos a seguir o exemplo de Paul Claudel, que costumava, cada dia, escrever pelo menos uma página. Eu segui seu conselho e hoje já passei dos cem livros.

O que sempre me impressionou nele foram seu amor e seu afeto franciscano pelos pobres. Feito bispo auxiliar de São Paulo, ocupou-se logo com as periferias, fomentando as comunidades eclesiais de base e empenhando pessoalmente Paulo Freire. Como era o tempo do regime militar, especialmente duro em São Paulo, logo assumiu a causa dos refugiados vindos do horror das ditaduras da Argentina, do Uruguai e do Chile. Sua missão especial foi visitar as prisões, ver as chagas das torturas, denunciá-las com coragem e defender os direitos humanos violados barbaramente.

Talvez seu feito maior tenha sido o projeto "Brasil: Nunca Mais", desenvolvido por ele, pelo rabino Henry Sobel e pelo pastor presbiteriano Jaime Wright, com uma equipe de pesquisadores. Foram sistematizadas informações em mais de 1 milhão de páginas contidas em 707 processos do Superior Tribunal Militar. O livro, publicado pela Editora Vozes, teve papel fundamental na identificação e na denúncia dos torturadores do regime militar e acelerou a queda da ditadura.

Eu, pessoalmente, sou-lhe profundamente grato por ter-me acompanhado no processo doutrinário movido contra mim pelo ex-Santo Ofício, em 1982, em Roma, sob a presidência do então cardeal Joseph Ratzinger. No diálogo que se seguiu a meu interrogatório entre os cardeais Ratzinger, Lorscheider e Arns, com minha participação, ele corajosamente deixou claro a Ratzinger: "Esse documento que o senhor publicou há uma semana sobre a Teologia da Libertação não corresponde aos fatos que nós bem conhecemos. Essa teologia é boa para os fiéis e para as comunidades. O senhor assumiu a versão dos inimigos dessa teologia, os militares latino-americanos e os grupos conservadores do episcopado, insatisfeitos com as mudanças na pastoral e nos modos de viver a fé que esse tipo de teologia implica". E continuou: "Cobro do senhor um novo documento, este positivo, que valide essa forma de fazer teologia a partir do sofrimento dos pobres e em função de sua libertação". E assim ocorreu três anos depois.

Tudo isso já passou. Fica a memória de um cardeal que sempre esteve do lado dos pobres e que jamais deixou que o grito do oprimido por seus direitos violados ficasse sem ser ouvido. Ele é uma referência perene do bom pastor que dá sua vida pelos pequenos e sofredores deste mundo.

Morrer não é morrer

(Estas foram as palavras lidas ao povo na missa antes do sepultamento de Dom Paulo Evaristo Arns, na sexta-feira, na Catedral de São Paulo.)

"Querido confrade, amigo dos pobres e meu amigo, meu mestre e promotor de minha vida de teólogo, Dom Paulo Evaristo Arns.

Morrer não é morrer. É atender a um chamado de Deus. Deus o chamou e o senhor foi contente ao seu encontro. Lá encontrará, estou seguro, os milhares de pobres, refugiados, torturados e assassinados que o senhor defendeu, protegeu e por eles arriscou sua própria vida.

Jamais esquecerei o tempo de Petrópolis nos começos dos anos 60 do século passado, quando juntos, nos fins de semana, praticávamos a pastoral de periferia no bairro do Itamarati, o seu amor aos pobres dos morros e o carinho para com as crianças.

Ainda não terminei de lhe agradecer a coragem com a qual tomou a defesa da Teologia da Libertação e de minha pessoa no diálogo que tivemos com o então cardeal Joseph Ratzinger, logo após o interrogatório a que fui submetido em Roma. Na minha presença e junto com o cardeal Dom Aloysio Lorscheider, o Senhor testemunhou que a teologia que nossos teólogos fazíamos em favor dos pobres e com eles era boa para as comunidades e significava um bem da Igreja local que devia ser defendido por seus pastores. Por isso justificava sua presença em Roma.

Sempre me animou e apoiou em minha atividade teológica. Guardo até hoje como um sacramento o bilhete que me deixou na mão antes de subir ao navio que me levava para estudos na Europa:

> Caro confrade frei Leonardo: gostaria que soubesse isso: queremos dar-lhe o melhor porque a Igreja do Brasil precisa do melhor. Você também sabe que foi enviado em nome de Deus. Viva e estude por Ele para Ele. *Nisi Dominus aedificaverit domum, in vanum laborant qui aedificant eam*: "Se o Senhor não edificar a casa, em vão trabalham os que a edificam".

Quero ser fiel a este mandato pelo tempo que me resta de trabalho útil a serviço da fé e da libertação dos sofredores deste mundo, da salvaguarda da vida e da preservação da Mãe Terra.

Se é verdade o que diz o poeta "que morrer é fechar os olhos para ver melhor", então, agora, querido Dom Paulo, o Senhor estará vendo a Deus, a quem sempre serviu, face a face, participando da festa com todos os libertos e bem-aventurados do céu.

Com minhas preces diante do Senhor e com saudades, peço que lá junto do Pai e Mãe de bondade olhe para todos nós e nos ajude a seguir o exemplo luminoso que nos legou.

De seu antigo aluno e amigo

Dom Paulo Evaristo Arns
A voz dos sem-voz e sem-vez*

AGENOR BRIGHENTI**

A páscoa de Dom Paulo Evaristo Arns deixou não só a Igreja Católica mas também o Brasil mais pobre. Foram quase cem anos de vida, dentre os quais trinta e dois de bispo, dedicados à causa do Reino de Deus, que é a causa dos pobres, os prediletos filhos seus. Sua morte foi seu último gesto de amor, o momento derradeiro de uma vida feita oblação e entrega na gratuidade, seja como professor de teologia em Petrópolis, seja como pastor à frente da Arquidiocese de São Paulo.

---

* Texto publicado no Jornal *Gazeta do Povo*, em Curitiba, em 16 de dezembro de 2016.

** Agenor Brighenti é presbítero da Diocese de Tubarão, SC, Brasil; professor de teologia e pesquisador na Pontifícia Universidade Católica do Paraná, em Curitiba; professor-visitante no Instituto Teológico-Pastoral para a América Latina, do CELAM, em Bogotá; Presidente do Instituto Nacional de Pastoral da Conferência dos Bispos do Brasil e membro da Equipe de Reflexão Teológica do CELAM.

Com sua morte, silenciou uma reconhecida voz dos que não tinham ou não têm voz e vez. Não tinham voz os militantes contra a ditadura militar, que se perpetuou no país por vinte longos anos. E, entre os sem-vez, estão os moradores de rua de São Paulo e de todas as ruas de nossas cidades, com quem uma noite Dom Paulo foi dormir debaixo de uma ponte, para delatar o cinismo das autoridades que lhes haviam fechado as portas dos centros de acolhida.

Deixou-nos o apóstolo dos direitos humanos, dos direitos sociais, dos sem-direitos, das minorias invisibilizadas pelo mercado que prescinde dos que não produzem nem consomem. Partiu o defensor da liberdade de expressão, em pleno regime de exceção. Liberdade também para sua Rádio Nove de Julho, silenciada pela ditadura militar. Ou para seu jornal *O São Paulo*, costumeiramente editado com páginas em branco, o registro do protesto contra a censura do regime, que teimava em amordaçar a utopia dos libertos do medo que paralisa e acovarda. Partiu o bispo que vendeu o palácio episcopal Pio XII no centro da cidade, por cinco milhões de dólares, para construir cerca de mil centros comunitários nas periferias esquecidas da megalópole paulista. Rompendo toda barreira entre sagrado e profano, entre fé e vida, estes centros hora eram igreja, hora escola de alfabetização, de capacitação de mão de obra, ou espaço da educação política, da organização e do empoderamento dos excluídos.

Acompanhado pelo povo simples, com quem sempre caminhou e foi solidário, desceu à cripta da Catedral da Sé, aquele que desceu tantas vezes aos calabouços da infame ditadura, para depois poder inquirir como testemunha ocular, desde generais, incluídos os do Palácio do Planalto, até as sentinelas das masmorras onde eram torturados ou desaparecidos os presos políticos.

Mas descer à cripta é também subir para a companhia do Senhor da História e desfrutar da plenitude da vida com a legião dos que ele defendeu e apoiou. É subir para o convívio de irmãos no episcopado, homens incomuns da envergadura de Dom Aloísio Lorscheiter, Dom Luciano Mendes de Almeida, Dom Ivo Lorscheider, Dom Antônio Fragoso, Dom Tomás Balduino, Dom Waldir Calheiros, Dom Adriano Hipólito, Dom José Maria Pires, Dom José Gomes, entre outros. Consola-nos a presença entre nós de outros bispos de sua geração e perfil como a de Dom Pedro Casaldáliga e Dom Erwin Krautler. Como Dom Paulo Evaristo Arns, eles souberam descentrar a Igreja de suas questões internas e levar os cristãos a se sintonizarem com as grandes causas da humanidade, que são a causa do Evangelho do Reino de Deus.

Dom Paulo Evaristo Arns, como bom franciscano, nunca se fez notar por seus mais de cinquenta livros escritos, os trinta prêmios internacionais de reconhecimento por seu trabalho e/ou os vinte títulos de doutor *honoris causa*, conferidos pelas mais prestigiosas universidades nacionais e internacionais. Como também não ameaçou sua sincera humildade o doutorado obtido na prestigiosa Sorbonne de Paris, onde estudou o pensamento dos grandes pensadores e pastores da Igreja no período patrístico. Foi da academia do Instituto Franciscano de Petrópolis que, em 1966, o Papa Paulo VI o chamou para ser bispo auxiliar, arcebispo de São Paulo em 1970 e cardeal em 1973. Tal como dizia Santo Agostinho ao seu povo: "Com vocês, sou cristão; para vocês, sou bispo". Dom Paulo, com o povo brasileiro, foi militante da causa dos excluídos e com os cristãos, profeta de um mundo onde caibam todos, expressão na intra-história do Reino escatológico definitivo.

Dom Paulo Evaristo, modelo de pastor

Antônio Manzatto*

Quando entrei no seminário da Arquidiocese de São Paulo, em 1973, Dom Paulo já era o arcebispo metropolitano. Encontrei-o pela primeira vez em uma de suas visitas ao seminário, quando celebrou a Eucaristia conosco, logo depois de ter sido criado cardeal. Lembro-me bem de que ele cumprimentou um por um dos seminaristas, meninos ainda, e, vendo que éramos mais de vinte, sorrindo disse: "Se Jesus mudou o mundo apenas com 12 apóstolos, o que não faremos com mais de 20!".

Depois, naquele mesmo ano, participei de uma reunião em sua casa como representante dos seminaristas menores. Como soube mais tarde, Roma havia pedido que a Arquidiocese cor-

---

* *Antônio Manzatto* é presbítero da Arquidiocese de São Paulo, doutor em Teologia pela Universidade Católica de Lovaina, Bélgica; iniciador dos estudos que relacionam teologia e literatura no Brasil; atualmente é professor titular de Teologia Sistemática na Faculdade de Teologia da Pontifícia Universidade Católica de São Paulo e atua pastoralmente na Região Episcopal Brasilândia, em São Paulo.

rigisse os problemas percebidos na formação de seus padres, e Dom Paulo reuniu em sua casa representantes dos diversos seminários arquidiocesanos juntamente com seus responsáveis. Eu não sabia, naquele momento, nem como me comportar naquele tipo de reunião onde todos deveriam falar. E Dom Paulo disse que deveríamos começar ouvindo os mais novos, pedindo para eu falar em primeiro lugar. Com isso ele tinha a certeza de que eu não repetiria, simplesmente, o que ouvia dos mais antigos. Assim era a sabedoria de Dom Paulo, com a qual ele animou a vida eclesial arquidiocesana por praticamente três décadas.

Foi um tempo em que a formação presbiteral na Arquidiocese foi vivida intensamente e partilhada por um presbitério chamado à responsabilidade pastoral. Com o tempo, o seminário menor desapareceu, cedendo lugar a outro tipo de acompanhamento vocacional, realizado por uma Pastoral Vocacional ativa e organizada. Quando dos estudos de filosofia, realizados em uma faculdade civil, os seminaristas residiam em uma única casa, como para criar um vínculo arquidiocesano ou, ao menos, comunitário. Depois, quando dos estudos de teologia, os seminaristas residiam em Casas de Formação localizadas nas diferentes Regiões Episcopais, formando pequenas comunidades que não apenas eram acompanhadas mais facilmente por seus formadores, mas organizavam-se em torno do eixo da prática pastoral. Afinal, repetia Dom Paulo, a Arquidiocese precisa de pastores para estarem junto ao seu povo. Esse era seu jeito de ser, um pastor preocupado com as necessidades do rebanho e que sabia trabalhar em equipe para que o rebanho fosse mais bem servido. Opção pelos pobres e Igreja participativa era a forma de pensar e organizar a pastoral e a vida eclesial na cidade de São Paulo. Isso nos motivava e fazia com que vivêssemos, ainda jovens, um efetivo compromisso com a Igreja em São Paulo, assumindo diversas responsabilidades na pastoral das comunidades e das próprias Regiões Episcopais. Formados pastores, respiramos pastoral todo o tempo, a vida toda, essa a nossa vocação.

Fui ordenado por Dom Paulo em 1982 e, depois de alguma resistência de minha parte, enviado por ele para fazer pós-graduação em Teologia na Bélgica, junto com outros colegas padres da Arquidiocese. Lembro-me bem de que ele decidiu visitar-nos em 1991, dizendo, inclusive, que queria passar alguns dias conosco no vilarejo onde morávamos e onde eu era o responsável pastoral. Ficou conosco quase uma semana em Virginal, onde presidiu uma celebração eucarística que reuniu praticamente todas as famílias do vilarejo. Afinal, receber não apenas um prelado, mas o próprio cardeal Arns, foi motivo de alegria para todo mundo. Até quem não era cristão se sensibilizou com a visita e se encantou com o jeito simples do cardeal, que, terminada a celebração, ainda ficou conversando com as pessoas, como ele fazia sempre em São Paulo. Depois, algumas das lideranças leigas locais nos diziam: "Agora entendemos por que vocês se ocupam tanto da pastoral, da organização das comunidades e do desenvolvimento de suas vidas: vocês aprenderam isso com seu bispo!". E era efetivamente assim, porque Dom Paulo tinha convicção de que ser cristão não é viver isolado ou preocupado com a pureza dos ritos, mas formar comunidade, conviver e poder experimentar cada dia a realidade do amor ao próximo, em primeiro lugar os mais necessitados. Lembro-me ainda de que sua conferência na Universidade Católica de Lovaina foi uma das mais concorridas do ano, com a sala absolutamente lotada, e Dom Paulo, em seu francês corretíssimo, a todos motivava com seu carisma franciscano.

A última vez que conversamos foi pouco mais de seis meses antes de seu falecimento, em 2016. Ele veio à Faculdade de Teologia da PUC-SP, onde os estudantes puderam fazer-lhe uma homenagem na comemoração de seu jubileu episcopal. A maioria dos seminaristas nunca o havia encontrado pessoalmente, mas ele andava pelos corredores da Faculdade como quem sabe o terreno onde pisa: ele que fez com que ela se tornasse uma referência do pensamento teológico latino-americano nos tempos áureos da Teologia da Libertação. Ele me perguntou diretamente se eu havia sido seu aluno, e eu respondi que a vida toda. Não, ele queria saber se fui seu aluno de patrística, e perguntou-me quais padres da Igreja eu mais gostava. Respondi que os do século IV, e ele me disse: "Eu também; é, você aprendeu comigo".

E é verdade. Aprendi com ele como ser padre, como fazer a ligação entre o estudo acadêmico da teologia e a prática pastoral, como colocar a preocupação com os pobres, os amados de Deus, em primeiro lugar na atividade eclesial. Aprendi o valor da Igreja local e a importância da formação do presbitério, e por isso não foi surpresa saber que, em seu testamento, ele ainda se lembra dos padres da Arquidiocese de São Paulo, para quem construiu a Casa São Paulo e a quem deixa seus bens pessoais. Aprendi a trabalhar em equipe, a confiar nas pessoas, a pensar uma Igreja com efetivo protagonismo dos leigos, pois todos somos batizados. Aprendi que o amor é compromisso e que é preciso caminhar de esperança em esperança, com coragem sempre, mesmo quando os ventos se fazem contrários. Hoje sei que temos mais alguém que, junto de Deus, vela por nós.

Cardeal Arns, nas trilhas da Teologia da Libertação

JUAN JOSÉ TAMAYO*

No dia 14 de dezembro faleceu, pleno de anos – 95 – e de virtudes – a mais importante, a opção pelas maiorias empobrecidas –, o cardeal franciscano brasileiro Dom Paulo Evaristo Arns, bispo auxiliar e arcebispo de São Paulo durante mais de trinta anos (1966-1998), que brilhou com luz própria nos diferentes campos do saber e da vida religiosa e política de seu país e da América Latina. Primeiro como professor, mestre e teólogo, depois como bispo da libertação e profeta. Formado intelec-

---

* *Juan José Tamayo* foi professor em diversas instituições da Espanha e da América. É professor titular da Universidad Carlos III de Madri e dirige atualmente a cátedra de Teología y Ciencias de las Religiones Ignacio Ellacuría da Universidad Carlos III. É cofundador e atual secretário-geral da progressista Asociación de Teólogos Juan XXIII, membro da Sociedad Española de Ciencias de las Religiones, do Comité Internacional del Foro Mundial de Teología y Liberación e do Consejo de Dirección del Foro Ibn Arabi.

tualmente na Sorbonne de Paris em língua, literatura e filosofia clássicas, foi professor de ditas disciplinas e infundiu no alunado o espírito humanista, o amor e o gosto pela cultura clássica. Ensinou literatura patrística aos estudantes de teologia, aos quais fomentou o estudo das obras dos Padres da Igreja, algumas das quais traduziu para o português. Conta Leonardo Boff que, a última vez que o visitou no convento de religiosas onde residiu nos arredores de São Paulo, o encontrou lendo os sermões de João Crisóstomo em grego. Mas, sobretudo, ensinou a pensar crítica e criativamente. Foi, além disso, um excelente escritor, com uma ampla bibliografia.

Bispo e profeta

O cardeal Arns foi bispo e profeta, dimensões difíceis de compaginar em uma mesma pessoa. O bispo costuma exercer o poder eclesiástico ao serviço da instituição religiosa que o elegeu e em aliança com o poder político. O profeta, ao contrário, é um visionário que mostra ao hierarca a nudez que se esconde atrás de seus ornamentos sagrados, o vazio das pompas e vaidades sobre as que se assenta artificialmente, a falta de coerência entre o que prega e o que vive, a precariedade na qual está envolta sua suposta missão transcendente e, enfim, a falta de autoridade moral quando se distancia da ética das bem-aventuranças.

Foi seu perfil profético que levou o cardeal Arns a se despojar de atributos episcopais autoritários e a se afastar dos *conciliábulos* eclesiásticos e políticos, para se situar no mundo da exclusão e no lugar das maiorias populares marginalizadas da cidade grandemente povoada de São Paulo, e fazer próprios seus sofrimentos e suas esperanças. E a fé ele conseguiu, sem renunciar à sua atividade como bispo, não como guardião da ortodoxia, mas sim como promotor da reforma conciliar e de experiências eclesiais comunitárias. Seu humor profético foi nutrido pelo espírito franciscano que ele nunca renunciou, como se poderia esperar que fizesse quando conseguiu chegar à cúpula da Igreja Católica no Brasil. Francisco de Assis sempre foi seu guia evangélico.

O cardeal Arns foi testemunha privilegiada e protagonista da vida religiosa e política do Brasil durante a segunda metade do século XX. Ele viveu e sofreu em sua própria carne, e na linha de frente, os horrores e a barbárie da ditadura militar de segurança nacional de seu país, que durou 21 anos. Em seus sermões, escritos e declarações públicas, denunciou profeticamente crimes, a tortura e as violações sistemáticas dos direitos humanos pelos militares e defendeu a democracia. Especial empenho dedicou à condenação da tortura a que eram submetidos os ativistas dos direitos humanos.

É de destacar o apoio dado aos prisioneiros dominicanos presos e torturados, entre eles Frei Betto, um prestigioso escritor e teólogo da libertação, diante da atitude cúmplice de alguns dos superiores dominicanos. Ele denunciou a repressão contra a classe trabalhadora e apoiou suas lutas e reivindicações. O confronto direto com a ditadura levou-o a sofrer controles policiais e perseguições políticas, o que não o fez diminuir o tom de suas críticas. Em sua luta contra a ditadura, a defesa dos direitos humanos e a opção pelos pobres, seguiu o exemplo do profético arcebispo brasileiro Dom Helder Câmara, de quem se considerava um discípulo.

Nas trilhas da teologia da libertação

A Segunda Conferência do Episcopado Latino-Americano, realizada em Medellín, Colômbia, em 1968, estabeleceu como prioridade para a Igreja do Continente a criação de comunidades eclesiais de base, definidas como "o primeiro e fundamental núcleo eclesial" e "fator de promoção e desenvolvimento humano". O cardeal Arns, fiel à eclesiologia comunitária de Medellín, incentivou e encorajou a criação de tais comunidades. Graças à sua iniciativa e a de outros bispos, no Brasil, elas chegaram a ser 80 mil comunidades eclesiais de base, preferencialmente nas áreas rurais e nos subúrbios das grandes cidades. Este fenômeno deu origem ao que Leonardo Boff chamou de "eclesiogênese: as comunidades de base reinventam a Igreja".

O cardeal Arns se destacou por defender a teologia da libertação e seus principais pensadores, muitos deles teólogas e teólogos brasileiros perseguidos pelo Vaticano. Ele a fez realidade em sua atividade pastoral, seguindo sua metodologia: análise crítica da realidade, interpretação libertadora da Bíblia e orientação para a práxis, e na ótica da opção radical pelas maiorias empobrecidas. Ele apoiou teólogos e teólogas da libertação em momentos de perseguição, tribulação e condenação. Leonardo Boff contou com a companhia e a solidariedade de seus irmãos franciscanos, os cardeais Arns e Lorscheider, durante o processo ao qual foi submetido pelo cardeal Ratzinger, presidente do ex-Santo Ofício, que o sancionou com a imposição de um tempo de silêncio.

Segundo confissão do próprio Leonardo Boff, durante o processo, Arns, referindo-se ao documento da Congregação para a Doutrina da Fé (CDF) – *Instrução sobre alguns aspectos da teologia da libertação*, que condenava esta corrente teológica sem nuances, acusou Ratzinger nestes termos: "Você assumiu a visão dos inimigos desta teologia [da libertação], que são os militares latino-americanos e os grupos conservadores do episcopado... Espero de você um novo documento, positivo agora, que reconheça essa maneira de fazer teologia baseada no sofrimento dos pobres e com base em sua libertação". Ratzinger levou em consideração o pedido de Arns e, em 1986, a CDF publicou a Instrução *Libertatis Conscientia. Sobre liberdade e libertação*, agora positivamente. Este testemunho é uma prova adicional de que o cardeal arcebispo de São Paulo não se inclinou diante de nenhum poder, mesmo o eclesiástico.

Arns, entre os Santos Padres da América Latina

O cardeal Paulo Evaristo Arns pertence à geração de bispos-profetas que colocaram em prática o paradigma do cristianismo libertador da América Latina, na direção sinalizada pela Conferência do Episcopado Latino-Americano de Medellín. Começaram um novo modelo episcopal que, inspirando-me no teólogo da libertação José Comblin, resumo nas seguintes características:

- foram além da mera administração episcopal e consideraram que sua principal missão era testemunhar com a vida o Evangelho na sociedade;
- puseram sua atenção e dirigiram sua ação para além da Igreja local e exerceram sua influência libertadora fora dos limites diocesanos que tinham demarcado;

- viveram a colegialidade entre "bispos amigos", assumindo as causas dos oprimidos, consolando-se e solidarizando-se em meio às perseguições e intimidações que vinham do Vaticano e dos poderes políticos, econômicos e militares;
- exerceram a liberdade pessoal como condição necessária para lutar pela libertação dos grupos humanos oprimidos, sem ceder às ameaças de punição;
- seu ministério pastoral foi caracterizado e esteve guiado pela opção radical ético-evangélica pelas pessoas e grupos empobrecidos;
- muitos foram objeto de perseguição dentro e fora da Igreja, sem com isso se deixarem intimidar, e alguns sofreram o martírio por amor à justiça. Essa foi a confirmação da verdade de sua mensagem e da autenticidade de sua vida;
- praticaram o ecumenismo, mas não de caráter doutrinal ou institucional, mas em suas atitudes evangélicas no seguimento de Jesus de Nazaré, o Cristo Libertador, e na prática da justiça;
- provocaram divisões dentro do episcopado, do sacerdócio e dos fiéis por suas atitudes de solidariedade com o mundo da exclusão social, da marginalização étnico-cultural e da discriminação sexista.

A esta geração de bispos, que Comblin chama de "Santos Padres da América Latina", pertencem, entre outros, o chileno Manuel Larraín, precursor de Medellín; o equatoriano Leonidas Proaño, bispo dos índios; os mexicanos Samuel Ruiz, bispo dos povos indígenas de Chiapas, e Sergio Méndez Arceo, cofundador dos cristãos pelo socialismo; os brasileiros Helder Câmara, bispo dos pobres e "voz episcopal universal" e militante de resistência à ditadura militar, Antonio Batista Fragoso, "pobre entre os pobres" e militante da resistência contra o regime militar, e Aloisio Lorscheider, defensor da Teologia da Libertação; o argentino Enrique Angelelli, assassinado pela ditadura militar de seu país; o salvadorenho Oscar Arnulfo Romero, assassinado por seu compromisso com a justiça; o guatemalteco Juan Gerardi, assassinado depois de apresentar o relatório "Guatemala: nunca mais"; o espanhol-brasileiro Pedro Casaldáliga, bispo-poeta-revolucionário e defensor das comunidades indígenas.

Durante as mais de três décadas dos pontificados de João Paulo II e Bento XVI, a geração dos bispos latino-americanos de Medellín foi gradualmente substituída por outra geração episcopal: a geração daqueles que puseram a ortodoxia antes da ortopráxis, que preferiram a fidelidade a Roma à fidelidade ao povo sofredor, submetendo-se à autoridade do Vaticano em vez de obedecer à autoridade das vítimas, declarando-se guardiães do depósito da fé ao invés de caminhar nas sendas da esperança e transmiti-la às maiorias desesperançadas.

Houve, contudo, bispos que seguiram o caminho libertador de seus predecessores, mas a direção do cristianismo latino-americano já não estava mais marcada por Medellín e Puebla, nem na vida das comunidades de base nem pensada a partir da Teologia da Libertação. Oxalá, com o Papa Francisco, se volte a caminhar novamente naquela direção. Mas isto, "oxalá", só pode se tornar realidade, em cada parcela local e no mundo global, saindo dos guetos eclesiásticos, indo às periferias existenciais, trabalhando lado a lado com movimentos sociais e olhando para Outro Mundo Possível, a partir de onde se pode construir Outra Igreja Possível.

Daquela geração dos "Santos Padres da América Latina" nos resta Pedro Casaldáliga, fisicamente enfraquecido, é verdade, mas intelectualmente lúcido e na plenitude de suas faculdades proféticas, como demonstra sua mensagem por ocasião da morte do cardeal Arns, a quem chama de "protetor fraterno na caminhada" e "profeta da nossa América". Ele disse: "Soube como atender todos os apelos, em favor dos direitos humanos no diálogo ecumênico, enfrentando a injustiça, confortando os pobres, denunciando e anunciando..., vivendo o Evangelho nas várias situações da vida que lhe tocou viver".

(Tradução do espanhol por Agenor Brighenti)

Um profeta caminhou entre nós

EDUARDO DE LA SERNA*

No dia 12 de fevereiro de 1992, eu estava em Roma buscando material para o meu doutorado. Por indicação de Orlando Yorio, alojei-me na casa que o Episcopado brasileiro tem para seus presbíteros, mas que também está aberto a padres de outras nacionalidades – o *Colégio Pio Brasileiro*. Ali, além de fazer bons amigos, pude conhecer muitos bispos brasileiros que, quando iam a Roma para alguma gestão, se alojavam nesta casa.

Assinalo o dia 12 de fevereiro porque é dia de meu aniversário e, naquele justo dia, Dom Paulo Evaristo Arns estava de visita e passou pelo meu quarto para me cumprimentar. Foi a única vez na vida que vi este "monumento" de bispo.

---

* *Eduardo de la Serna* nasceu em Buenos Aires e foi ordenado presbítero em 1981. Esteve ligado, desde a juventude, com o setor dos sacerdotes del tercer mundo. Desde sua ordenação, trabalha para e pelos setores carentes da população e é pároco da paróquia Jesús el Buen Pastor – na localidade de San Francisco Solano. É doutor em Bíblia. Escreve periodicamente nos jornais *Página 12* e *Tiempo Argentino*.

Na ocasião me contou que, quando ele começou com o grupo Clamor (pelo que eu sei, é a primeira organização de direitos humanos, que recebia informações e fazia denúncias de violações de direitos na Argentina), recebeu uma carta do cardeal Primatesta, então presidente da Conferência Episcopal Argentina. Na carta, o cardeal argentino dizia-lhe que se abstivesse de se imiscuir nos assuntos de outra Igreja particular. Notável contraste entre dois cardeais! Um pai compassivo, firme lutador e defensor das vítimas, um profeta, e, por outro lado, um omisso à dor e ao sofrimento, amigo de ditadores, voz calada diante da morte e dos matadores! Contraste impressionante! Outras coisas soube também do cardeal argentino, que não vem ao caso recordar aqui. Na verdade, eu não conheço quem chora sua partida (talvez algum cúmplice de pactos, por exemplo).

Olhando a história a partir das vítimas, uma brecha enorme se abre entre estes dois personagens, já que cada um "fica" (por sua própria eleição) de um lado. Expresso minha memória agradecida por aquele grande franciscano, que ontem fez a passagem para a vida plena; outros, ainda que desfrutem do silêncio temeroso de seus "irmãos menores", passarão à história da vergonha. Simplesmente.

Muitos anos depois, fui a um congresso de teologia no Brasil e quis expressamente entrar na catedral de São Paulo para homenagear este grande homem. Ele já era emérito, com saúde debilitada. Até sua irmã tinha morrido no Haiti, lutando, também ela, pela vida dos pobres e das vítimas. Mas quis entrar para ver a "cátedra" de onde ressoava a Palavra de Deus para nosso tempo sofrido. À direita do altar-mor estava a Virgem de Aparecida, o jesuíta José de Anchieta, o santo fundador de São Paulo e, do outro lado, Josemaría Escrivá de Balaguer (!), o fundador do *Opus Dei*. Alguma coisa mudou! Muito! Pensei na doença de Dom Paulo Evaristo, que ao menos não lhe permitia ver isso, ao mesmo tempo em que me preocupei quando o cardeal arcebispo Odilo Pedro Scherer, desta cidade, estava sendo cotado como *papabile*. Eram os frutos palpáveis da "Igreja que João Paulo nos legou".

Dom Paulo: obrigado! E perdão! Simplesmente. Ficarás na memória dos Santos Padres da Igreja Latino-americana. Continuarás sendo ícone da esperança.

(Tradução do espanhol por Agenor Brighenti)

Um bispo com uma palavra adequada para seu momento histórico*

FERNANDO ALTEMEYER JUNIOR**

JÚLIO RENATO LANCELLOTTI***

A comoção em torno da morte do cardeal Dom Paulo Evaristo Arns, ocorrida ontem no Hospital Santa Catarina, em São Paulo, onde estava internado desde o final de novembro, é uma

---

* Entrevista concedida a Vitor Santos e Patrícia Fachin e publicada no IHU (Unisinos, São Leopoldo), em 15 de dezembro 2016.

** *Fernando Altemeyer Junior* é teólogo leigo, possui graduação em Filosofia e em Teologia, mestrado em Teologia e Ciências da Religião pela Universidade Católica de Louvain-La-Neuve, na Bélgica, e doutorado em Ciências Sociais pela Pontifícia Universidade Católica de São Paulo – PUC. Atualmente é professor e integra o Departamento de Ciência da Religião da Faculdade de Ciências Sociais da PUC – SP.

*** *Júlio Renato Lancellotti* é formado em Pedagogia e Teologia, foi professor primário, professor universitário, membro da Pastoral do Menor da Arquidiocese de São Paulo e há mais de dez anos é o vigário episcopal do povo de rua. É pároco da Igreja São Miguel Arcanjo, na Mooca, zona leste de São Paulo.

demonstração da importância desse homem para a História do Brasil e da própria Igreja. Arcebispo emérito de São Paulo, esteve à frente da Arquidiocese da maior metrópole brasileira num dos períodos mais difíceis do país: a *ditadura militar*. O catarinense de estatura baixa se agigantava diante das atrocidades da repressão. Marcado também como o homem que levou a Igreja para a periferia, era duro na busca pela justiça social e pelos Direitos Humanos. Ao mesmo tempo, diante de tamanha aridez, não perdia a leveza da vida. "Dom Paulo era divertido, jocoso, brincalhão, sagaz. Bom, acho que é uma característica de um colono catarinense. Tem esse jogo do homem da roça, mas que, ao mesmo tempo, era doutor na Sorbonne, mas que também não ficava 'cantando de galo'", recorda o teólogo Fernando Altemeyer Junior, que trabalhou diretamente com o arcebispo, em entrevista concedida por telefone na tarde de ontem à IHU On-Line.

Para o padre Júlio Renato Lancellotti, pároco da Igreja São Miguel Arcanjo, na Mooca, zona leste de São Paulo, o legado de Dom Paulo Evaristo Arns pode ser resumido na frase que ilustra a sua trajetória: "A opção preferencial pelos pobres; foi por isso que ele viveu, esse é seu legado e seu chamamento profético para todos". Ele recorda seu pioneirismo na luta por causas até então pouco conhecidas. "Foi o primeiro a defender os doentes de Aids, quando criou a Aliança para a Esperança. Eu lembro do dia em que estavam questionando na Justiça a atuação da Casa Vida, uma casa que abrimos para as crianças com HIV e Aids. Nessa ocasião, Dom Paulo fez uma procissão pelas ruas do bairro e abriu as portas da Casa Vida", recorda Lancellotti.

Altemeyer também destaca essa característica do cardeal, que recém-assume como arcebispo e já se põe a pensar o Brasil pós-ditadura. "Ele começa a reunir grandes intelectuais, gente de todas as áreas na casa dele. Eram esses os encontros que Dom Paulo chamava de 'reunião dos loucos', porque lá se podia falar sobre qualquer ideia, que poderia ser posta em prática quando acabasse a ditadura. Imagine, a ditadura só acabou em 1989 definitivamente e ele promovia esses encontros em meados dos anos 1970", conta.

A entrevista:

IIHU On-Line: Qual a importância da figura de Dom Paulo Evaristo Arns?

Fernando Altemeyer Junior – Foi um homem imprescindível, sem ele teria sido outra história. Ele é um desses homens que realmente mudam tudo, e não por conta da sua arrogância ou pela qualificação pessoal, mas por estar na hora certa, no lugar certo. Dom Paulo, como arcebispo de São Paulo por 28 anos, soube dizer uma palavra evangélica, pastoral, política e adequada para o momento histórico do Brasil. Isso é o homem no lugar essencial.

IIHU On-Line: Qual a relevância da presença de Dom Paulo para São Paulo, onde uma entre tantas das suas marcas está a de levar a Igreja às periferias, construir esses pavilhões de uso comum em que eram celebradas as missas?

Fernando Altemeyer Junior – Essa foi sua grande tarefa por uns anos, chamada Operação Periferia, para a qual, inclusive, ele dispôs de um dinheiro. Decidiu que venderia o Palácio

Episcopal, que era um museu totalmente obsoleto, mas que ao ser vendido possibilitou a compra de aproximadamente dois mil terrenos. Juntamente com o apoio da Adveniat, uma associação solidária alemã, permitiu construir esses centros comunitários e, com isso, fazer uma verdadeira presença junto às milhares de pessoas migrantes – nordestinos, mineiros, paranaenses – que chegavam, durante os anos 1970, a São Paulo. Dom Paulo percebeu esse movimento nas periferias, solicitou autorização ao Papa Paulo VI e ganhou a aprovação imediata de seu projeto. Depois, convocou um colégio de bispos para fazer um "time" com ele, para agir de forma colegial e colocar os dilemas e os dramas do povo migrante da periferia como prioridade da Igreja. Então, foi realmente uma ação pastoral, estratégica, pensada, lúcida e, sobretudo, firme de Dom Paulo em inverter e colocar a periferia no centro, por assim dizer.

IHU On-Line – Pode nos falar sobre a trajetória de Dom Paulo Evaristo Arns na Igreja, sua atuação como arcebispo de São Paulo e seu trabalho junto às pastorais sociais?

Júlio Lancellotti – À época em que foi bispo auxiliar de São Paulo, Dom Paulo foi ao presídio de Tiradentes, onde estavam vários presos políticos. Quando chegou lá, o general perguntou quem ele era, ele se apresentou como bispo auxiliar, e o general respondeu que o bispo auxiliar não poderia entrar no presídio. Depois de um tempo, Dom Paulo voltou ao presídio e o general insistiu que, como bispo auxiliar, ele não poderia entrar lá; então ele respondeu que acabava de ser nomeado arcebispo de São Paulo. Estou contando isso para mostrar que a vida de Dom Paulo foi marcada por essa coragem em relação ao outro, em defesa do outro. Nunca vi Dom Paulo se defendendo; sempre o vi defendendo os outros, o menino de rua, como o Joílson de Jesus, que foi assassinado nas ruas de São Paulo. Ele sempre defendeu os moradores de rua, e numa ocasião, inclusive, dormiu embaixo de um viaduto com os meninos de rua, deixando a prefeitura perplexa porque o arcebispo estava dormindo embaixo do viaduto com os moradores de rua. Ele também foi um defensor dos presos e dos direitos humanos.

IIHU On-Line – Como era a receptividade do povo em relação aos movimentos criados por Dom Paulo? Entre os fiéis, ele recebeu apoio?

Fernando Altemeyer Junior – A receptividade se dava na contradição, porque esse tipo de figura profética, como era Dom Paulo, sempre recebe apoio e também ódio. A periferia via Dom Paulo como o novo Paulo de Tarso, andando como nos tempos apostólicos, animando a fé popular. A palavra de Dom Paulo foi sempre vigorosa no microfone, uma voz de coragem. "Vamos em frente", dizia ele, sempre presente nas comunidades, "metendo o pé no barro", indo às periferias. Ele tinha essa mesma atuação no centro da cidade, onde há também periferias de cortiços, moradores de ruas, e nas cadeias.

Ao mesmo tempo, a burguesia, os ricos e poderosos, nutriam um ódio figadal por ele, justamente por conta do fato de ele não ter meias palavras; ele denunciava, enfiava o dedo na ferida e dizia "quem estava pisando em quem". E mesmo assim, seguia com seus textos fortes e com suas falas no rádio sobre as obras em São Paulo e o crescimento da pobreza na cidade, nos anos 1970. Dom Paulo, inclusive, ficou proibido de falar por mais de vinte anos pela censura, porque o governo federal acabou roubando a Rádio Nove de Julho da Igreja Católica. Mas Dom Paulo ficou fiel as suas causas e foi amado e odiado, amado pelos pobres e odiado pelos poderosos, o que lhe deu a marca de um bom pastor.

IIHU On-Line – Como foi sua experiência ao lado de Dom Paulo?

Fernando Altemeyer Junior – Eu fui o porta-voz da Arquidiocese [de São Paulo] por um período pequeno, no final do mandato dele, em 1994, quando retornei da Bélgica, até 1998, quando ele se aposentou. Antes, claro, tínhamos contato com Dom Paulo por ele ser o bispo da cidade, o cardeal. Na periferia, nós o encontrávamos uma ou duas vezes por ano, quando ele ia à comunidade.

Trabalhar com ele na Arquidiocese foi muito importante para mim. Em primeiro lugar, até o fim da vida, Dom Paulo sempre confiou nas pessoas. Isso é muito importante, pois se fez um grande homem sempre cercado com sua equipe, na qual confiava muito. Ele confiava tanto em nós que pedia que escrevêssemos textos que depois assinaria e publicaria.

Uma vez lembro que ele me pediu para escrever sobre como ele seria aos 80 anos. À época ele deveria ter uns 70 e eu, uns 40 anos. E eu perguntei: "Dom Paulo, como eu posso escrever um texto de alguém de 80 se eu não tenho nem a metade dessa idade? Eu jamais me imaginaria com essa visão geriátrica, nunca pensei nisso [em ficar velho], sei que vou ficar, mas nunca caiu a ficha". E ele me disse: "Então, chegou a boa hora; faça!". Ele me deu dois ou três dias para pensar na minha velhice e escrever. Pensei muito, pois pensar é fácil, mas ainda tinha que escrever. No fim, escrevi uma página, ele gostou e disse: "É isso que eu vou querer ter com 80 anos". Ele assinou e pediu para colocar em um jornal importante da cidade.

Eu ria sabendo que era o *ghost-writer* do escrito dele, mas ao mesmo tempo ficava orgulhoso por ter confiado em mim. Ele me provocou e fiz uma espécie de deleite espiritual para tentar me colocar na frente de alguém com 80 anos. E isso me custou uns 10 livros sobre gerontologia, algumas reflexões sobre velhice dos grandes sábios do budismo. Ele ria e dizia: "Vou querer saber como você fez esse mergulho". Mas, claro, ele já estava 10 quilômetros à frente de mim. Era isso que nos dava uma grande alegria de trabalhar com ele.

Dom Paulo, o chefe

Quando o chefe confia em quem trabalha com ele, muda tudo, porque aí se faz um corpo único, não no sentido de corporativismo, mas de coragem, alegria e honra de trabalhar com um homem que era doutor, tinha fluência em quatro idiomas, mas alguns ele usava como idiomas operacionais, como grego, latim e aramaico. Foi sempre uma honra poder trabalhar com alguém tão carinhoso, tão vigoroso e inteligente. E sua inteligência não é aquela que ofusca a dos outros, mas faz o outro mostrar o melhor de si. Essa é a verdadeira autoridade, esse foi Dom Paulo, uma verdadeira autoridade na Igreja.

IHU On-Line – Como Dom Paulo era nos bastidores, entre os seus?

Fernando Altemeyer Junior – Divertido, jocoso, brincalhão, sagaz. Acho que é uma característica de um colono catarinense. Eu sou paulistano, não entendo muito esse jeito. Ele tinha esse jogo do homem da roça, mas que, ao mesmo tempo, era doutor pela Sorbonne, mas também não ficava "cantando de galo" por ter sido doutor e escrito uma tese sobre São Jerônimo, que é uma preciosidade. Ele demonstrava que sabia que o mais importante era a fala do pai dele, da mãe dele, dos companheiros de Forquilhinha [cidade natal, em Santa Catarina]. Também era um homem muito afável, muito direto e que detestava "lambe-botas" e pessoas que ficavam querendo vanglórias. Essa coisa do holofote, por exemplo, Dom Paulo não gostava. Ele se dava bem na multidão, gostava do povão. Dom Paulo sabia que tinha esse papel profético, por isso era muito gostoso tomar café com ele. Se organizavam uma festa do povão na periferia, com "carne louca" – não sei como chama isso no Rio Grande do Sul, aquela carne seca que usam para fazer sanduíche –, lá estávamos nós. Ele comia sanduíche com todo mundo, em uma paz profunda, e isso não era populismo, ao contrário, era verdadeiro, era franciscano. Ele trouxe essa característica dos morros de Petrópolis, das aulas de Agudos. No seu gabinete entravam homens e mulheres islâmicos, judeus, e ele falava com todos como um amigo.

Cardeal vai à praia?

Ele era o grande cardeal, embora fosse de pequenina estatura. Mas ele não se prendia ao cargo, embora o respeitasse muito.

Uma vez, brincando, eu disse a ele que nunca o tinha visto na praia e perguntei se o cardeal não ia à praia. E ele respondeu: "Claro que vou, lá no Paraná [onde familiares tinham residência]. Mas eu vou muito cedo, quando não tem ninguém, porque não podem tirar uma foto de um cardeal de calção. Isso seria uma afronta à liturgia do cargo".

Eu achava isso interessante. Ele sabia o papel e o lugar do cargo que exercia, mas usava desse papel e desse lugar para defender os últimos e a Igreja. Ele não defendia o clericalismo, defendia a Igreja do evangelho de Jesus. Trabalhar com ele foi importante para a formação dos meus valores pessoais. Hoje sou casado e passo esses valores para os meus filhos, quero que eles sempre tenham orgulho por eu ter trabalhado com Dom Paulo e ter aprendido muito com esse homem. Ele vai fazer falta para o Brasil, ainda mais hoje, neste período de desgoverno e mediocridades.

IHU On-Line – Dom Paulo sempre foi um homem bastante combativo e convicto nas suas posições. Pode nos contar algumas das causas que ele defendeu em relação aos direitos humanos?

Júlio Lancellotti – Sim, inclusive, foi ele quem levou a documentação dos desaparecidos políticos para a Argentina, para o Papa João Paulo II, porque ele estava à frente do grupo de defesa dos direitos humanos do Cone Sul. Ele também esteve na origem do Projeto "Brasil: Nunca Mais", junto com o pastor presbiteriano Jaime Wright, e foi ele quem chamou os rabinos para fazer um momento de oração pelo Vladimir Herzog, na ocasião da sua morte, naquele dia em que a catedral estava cercada pelo exército. Além disso, era ele quem telefonava para o Golbery do Couto e Silva com a lista dos presos na mão, dizendo que gostaria de saber onde eles estavam.

Dom Paulo e Dom Aloísio Lorscheider, os dois franciscanos, acompanharam Leonardo Boff, quando o frei sentou no "banquinho do Galileu" – como ele gostava de dizer –, ou seja, quando o Leonardo foi chamado ao Vaticano para dar explicações. Dom Paulo era um homem combativo na defesa de quem estava sendo oprimido, sofrendo e passando por dificuldades. Um dos aspectos que chama muita atenção é que ele foi o primeiro a defender os doentes de Aids, quando criou a Aliança para a Esperança. Eu lembro do dia em que estavam questionando na Justiça a atuação da Casa Vida, uma casa que abrimos para as crianças com HIV e Aids. Nessa ocasião, Dom Paulo fez uma procissão pelas ruas do bairro e abriu as portas da Casa Vida, sempre defendendo os doentes. Nesse sentido, onde estivesse alguém sofrendo, era lá que ele estava. Ele nunca estava ao lado dos poderosos, mas dos fracos.

IHU On-line – Qual era o pensamento de Dom Paulo a respeito do atual momento do país?

Fernando Altemeyer Junior – Não conversei com ele recentemente. Mas suas últimas falas eram sobre manter aqueles compromissos que teve durante toda a vida: a democracia como um valor. Ela sempre virá da organização social bem articulada, da base, do povo e sem corrupção. Ele acreditava muito nisso, com coerência, e não com o idealismo de achar que tudo é perfeito.

A ditadura e a reunião "dos loucos"

Desde que começou a aparecer toda essa cena nacional dramática, Dom Paulo ficava horrorizado. Quando houve a ditadura, que foi duríssima, ele ainda era bispo auxiliar, tornando-se arcebispo em 1970. Esse foi um momento forte de transição na ditadura, onde houve a entrada do [Emílio Garrastazu] Médici e depois do [Ernesto] Geisel, que foi duríssimo, e Dom Paulo se colocava nesse miolo.

Nesse período, ele reunia grandes intelectuais, como frei [Gilberto] Gorgulho, [Marcos] Vinícius Caldeira Brant, Fernando Henrique Cardoso, na casa dele, sempre com o risco de ter aparelhos de escuta. Eles tinham um pacto para evitar que fossem "marionetados" ou presos pelo governo. A esses encontros, Dom Paulo dava o nome de "reunião dos loucos", porque lá se podia falar sobre qualquer ideia que poderia ser posta em prática, quando acabasse a ditadura. Imagine, a ditadura só acabou em 1989 definitivamente, e ele fazia isso em meados dos anos 1970, um pouquinho antes dos 1980 ainda. Ou seja, ele já estava vislumbrando o Brasil depois que acabasse o período da opressão cívico-militar.

Para Dom Paulo, deve ter sido dramático ver os rumos que o país tomou, pois depois de ter pensado e projetado um Brasil democrático, com direitos humanos, justiça e paz, articulação social, ele viu, em poucos meses, esse ideal ficar para trás. Recentemente eu não conversei com ele para saber se estava reclamando ou não da atual situação do país. Com certeza não estaria contente com esse cenário. Nenhum brasileiro digno estaria, ainda menos ele.

IHU On-Line – Como Dom Paulo estava se posicionando sobre a atual conjuntura do país nos últimos anos? O que o silêncio de Dom Paulo significava?

Júlio Lancellotti – Dom Paulo passou os últimos anos de sua vida com bastante discrição. Quando foi instalada a Comissão da Verdade, a ex-presidente Dilma Rousseff foi visitá-lo em sua residência, mas ele viveu esse momento muito discretamente.

Ontem à noite eu o vi na UTI, por volta das 23 horas. O silêncio que vem com a morte dele é um silêncio bastante eloquente diante de tanta corrupção, e nesse silêncio está a eloquência de uma voz que nunca foi silenciada, que nunca se calou na defesa dos mais fracos.

Quando eu e outros estivemos com ele nas últimas vezes, era de um encantamento vê-lo, e bebíamos a luz dos olhos dele enquanto ele continuava nos encorajando a lutar e a trabalhar. Ele sabia que éramos aqueles que formou e preparou para serem defensores da vida, da liberdade, da justiça e da fraternidade. Ele olhava para nós como quem sabia o que estávamos fazendo.

IHU On-Line – Que legado ele deixa para a Igreja e para o país?

Júlio Lancellotti – Ele sempre quis uma Igreja aliada do povo, que estivesse junto do povo, não acima, nem separada. Este é o grande legado de Dom Paulo: a opção preferencial pelos pobres; foi por isso que ele viveu, esse é seu legado e seu chamamento profético para todos.

IHU On-Line – Deseja acrescentar algo?

Fernando Altemeyer Junior – É importante destacar que ele sempre acreditou no diálogo inter-religioso. Assim, dialogou com os budistas, com os islâmicos e com os judeus, desde o caso [Vladimir] Herzog. Dom Paulo sempre foi uma pessoa aberta a todas as fés, aos cultos africanos e mães de santo. Temos a imagem do Dalai Lama na Catedral e o prêmio Nirvana, que ele ganhou dos budistas no Japão. Dom Paulo, realmente, lembrando a história de São Francisco de Assis, era mesmo um irmão universal entre as religiões.

Quando havia a oportunidade de fazer um evento que precisasse envolver outras religiões, ele chamava o padre [José] Bizon e, antes dele, o frei Leonardo [Boff], e dizia a eles: "Vamos convidar a todos, não há ninguém que deva ficar de fora". Então, às vezes, esses eventos reuniam uma multidão, de modo que tinha mais pessoas no altar do que pessoas participando do evento. Mas ele fazia questão de que todos estivessem juntos para assinar pactos em favor da vida e das coisas comuns, onde pudesse unir direitos humanos, periferias, crianças e terceira idade. É para isso que sempre juntava as religiões.

Imagens de um ministério pastoral profícuo

Foto 1: Dom Paulo

Foto 2: Dom Paulo

Foto 3: Dom Paulo

Foto 4: Dom Paulo com o Papa Paulo VI

Foto 5: Em visita pastoral.

Foto 6: Dom Paulo com o Papa João Paulo I, em 1978.

Foto 7: Dom Paulo

Foto 8: Em visita pastoral

Foto 9: Dom Paulo

Foto 10: Em conferência.

Foto 11: Dom Paulo Evaristo Arns em celebração

Foto 12: Em visita pastoral

Foto 13: Dom Paulo Evaristo Arns celebrando missa
na Catedral da Sé, durante a Semana Santa de 1979

Foto 14: Dom Paulo
e Dom Helder Câmara

II

DOM PAULO
Apóstolo dos Direitos Humanos

(Depoimentos de intelectuais e militantes cristãos)

Adolfo Pérez Esquivel:[*]
Dom Paulo Arns me salvou
duas vezes da ditadura brasileira[**]

MÁRCIA CARMO[***]

O ativista de direitos humanos argentino Adolfo Pérez Esquivel, de 82 anos, ganhador do Prêmio Nobel da Paz em 1980,

---

[*] Adolfo Pérez Esquivel (Buenos Aires, 26 de novembro de 1931) é arquiteto, escultor e ativista de direitos humanos argentino, agraciado com o Nobel da Paz de 1980. Em 1974, na cidade de Medellín, na Colômbia, coordenou a fundação do Servicio Paz y Justicia en América Latina (SERPAJ-AL), junto com vários bispos, teólogos, militantes, líderes comunitários e sindicalistas. Entre 1977 e 1979, foi preso por questões políticas. Durante essa reclusão recebeu o Prêmio Memorial de Paz Juan XXIII, entregue pela Organização *Pax Christi* Internacional. É membro do Comitê da Patrocínio da Coordenação Internacional para o Decênio da Cultura da Não Violência e da Paz.

[**] Reportagem de Márcia Carmo, publicada pela BBC Brasil, 12.04.2014.

[***] *Márcia Carmo* é jornalista carioca e mora em Buenos Aires. Trabalhou nas principais redações do Rio e de Brasília. Escreve para a BBCBrasil, cobrindo países da América do Sul, e é a editora do *site* Clarín em português.

disse que foi "salvo duas vezes" por Dom Paulo Evaristo Arns durante a ditadura no Brasil. Em entrevista à *BBC Brasil* em Buenos Aires, Esquivel disse que foi preso na primeira vez por militares em São Paulo em 1975 e, na segunda vez, em 1981.

"Em 1975, foi muito difícil, porque eles colocaram um capuz na minha cabeça, uma gravação de gritos de pessoas sendo torturadas e levantavam um pouco o capuz somente para que eu pudesse identificar latino-americanos que eles perseguiam." Segundo ele, os militares queriam que ele "denunciasse" outros opositores ao regime no Brasil. "Eu disse que não conhecia ninguém". Pérez Esquivel afirmou ainda que três militares o interrogaram e não pôde ver seus rostos. "Eram três interrogadores – um muito duro que dizia que iam me matar, que iam me torturar, outro que dizia que era conveniente que eu falasse e outro que queria se fazer de meu amigo, que estava ali para me ajudar", afirmou.

No dia seguinte à prisão, o então arcebispo de São Paulo, Dom Paulo Evaristo Arns, conseguiu tirá-lo do local. "O cardeal me salvou duas vezes", disse o Prêmio Nobel, durante entrevista realizada na sede da ONG Serviço Paz e Justiça (Serjap), que dirige na Argentina. Segundo Esquivel, Arns reuniu outros religiosos e defensores de direitos humanos e organizou uma manifestação na porta da delegacia, que não recordou onde ficava assim que soube da sua detenção. "Dom Paulo, certamente, falou com autoridades do Brasil para que eu fosse liberado. Mas não sei as gestões exatas que ele fez. O que sei é que ele não perdeu tempo em organizar uma manifestação na porta da delegacia para me salvar. E me salvou", disse.

Medo

Quando perguntado se tinha sentido medo de morrer na prisão durante a ditadura no Brasil, ele respondeu: "Daquela vez sim, foi mesmo preocupante". Ele contou que foi preso no aeroporto em São Paulo, e que estava com o advogado Mario Carvalho de Jesus, da Frente Nacional do Trabalho, e com a austríaca Hildegard Goss-Mayr, atual presidente honorária do Movimento Internacional de Reconciliação e integrante do Serpaj, que mora em Viena. "Nós três tínhamos viajado para um encontro com Dom Paulo, mas fomos presos antes. Depois, sim, nos encontramos com ele, porque ele atuou para me liberar", afirmou. O Prêmio Nobel recordou que sua prisão ocorreu no mesmo ano em que Dom Paulo condenou a prisão e morte do jornalista Wladimir Herzog, assassinado no DOI-CODI, em São Paulo. "Dom Paulo convocou os religiosos contra a morte de Herzog, que depois se soube foi mesmo assassinado", disse.

Esquivel foi preso em outras ocasiões no Equador e na Argentina, onde foi torturado, como recordou. "Eu sou um sobrevivente dessas tragédias que vivemos na América Latina", disse. Anos mais tarde, em 1981, ele foi preso após criticar a anistia no Brasil. "Eu falei na OAB do Rio de Janeiro e foram atrás de mim no aeroporto. Mas eu tinha mudado de voo para viajar com Leonardo Boff para São Paulo. Ainda assim me pegaram", disse.

Em São Paulo, quando chegava para dar uma palestra no colégio Sion, contou, onde realizaria um discurso com outros religiosos, incluindo Dom Paulo Evaristo Arns, ele foi preso novamente. "Me levaram para uma delegacia e Dom Paulo reuniu várias pessoas em um protesto no local e graças a isso e a ele, novamente, me liberaram", disse.

Visita na prisão

Segundo Pérez Esquivel, o então senador (Jarbas) Passarinho ter-lhe-ia visitado na prisão. "O senador Passarinho justificou por que a anistia era importante, dizendo que sem ela não seria possível construir uma democracia. E que as Forças Armadas tinham colocado ordem no caos. Discurso que achei típico de ditadores", afirmou. E continuou: "Por esse motivo, Dom Paulo costumava dizer que a democracia no Brasil só deixava passar um passarinho". Na OAB, recordou, ele afirmou que "as Forças Armadas não podiam ser anistiadas pelos crimes da ditadura". Na ocasião, ele já era Prêmio Nobel da Paz, que recebeu em 1980 pela defesa dos direitos humanos na América Latina. "A minha segunda prisão no Brasil foi quase uma questão diplomática", disse.

Ele considera "importante" a realização de comissões da verdade no Brasil e da integração entre os países da região, na busca de informações sobre o que aconteceu no período ditatorial. Em janeiro, Brasil, Argentina e Uruguai assinaram um acordo, no âmbito da Comunidade dos Estados Latino-americanos e Caribenhos (Celac), para compartilhar documentos sobre as ditaduras nos três países. Esquivel ressalvou, porém, que acha que as operações conjuntas contra opositores não se limitaram aos países do Cone Sul, onde a chamada "operação Condor" significou ações conjuntas dos governos na busca dos que se opunham ao regime militar e foram entregues aos outros países ou mesmo torturados nos países vizinhos. "Eu não chamo de 'operação Condor', eu digo que era a internacional do terror." Segundo ele, essa operação era "um monstro com muitos tentáculos".

Ele citou alguns casos de autoridades latino-americanas mortas em outros países, como o ex-ministro da Defesa do governo do presidente socialista Salvador Allende, do Chile, Orlando Letelier, morto com uma bomba colocada em seu carro em Washington por agentes da polícia do regime de Augusto Pinochet. Ele afirmou ainda que a prisão, em 1976, com outros dezessete bispos latino-americanos e quatro americanos, no Equador, também "fazia parte da operação Condor". "De jeito nenhum a operação se limitou ao Cone Sul", reiterou.

Verdade

Na sua opinião, a Argentina está à frente do Brasil na investigação sobre os crimes da ditadura porque no governo do ex-presidente Raul Alfonsín, na redemocratização, a partir de 1983, os militares foram levados a julgamento.

Anos mais tarde, os governos de Alfonsín e de seu sucessor Carlos Menem lançaram as leis de Obediência Devida e Ponto Final, definidas como anistia. As leis foram derrubadas no governo do ex-presidente Nestor Kirchner, que governou entre 2003 e 2007 e morreu em 2010. "Talvez, a Argentina, do ponto de vista jurídico, tenha sido o país que mais avançou (nesta questão)". Pérez Esquivel defendeu que os crimes da ditadura sejam investigados para que "todas as gerações saibam o que aconteceu".

"Algo importante que o brasileiro deve ter é a busca da memória. Não é apenas buscar o passado. A memória deve iluminar o presente e ser base para as gerações futuras", disse. Ele afirmou que a anistia "significa impunidade" e "impede a construção da democracia". "No Brasil lamentavelmente até agora impera a impunidade, com essa lei de anistia", disse.

Ele complementa que "para o direito internacional os crimes de lesa-humanidade jamais prescrevem". "Esperamos que eles não aconteçam nunca mais. Mas também por isso é importante saber o que aconteceu no Brasil e em toda a região, em todo o mundo", disse.

Dom Paulo mudou o rumo de minha vida

FÁBIO KONDER COMPARATO*

Dom Paulo Evaristo Arns, exemplo de coragem e firmeza na defesa da dignidade humana, assim que assumiu as funções de bispo auxiliar da Arquidiocese de São Paulo, deu-se conta do caráter terrorista do regime empresarial-militar instaurado com o golpe de 1964. Ao tomar posse do cargo de arcebispo metropolitano de São Paulo, em 1º de novembro de 1970, ele fez da Cúria Metropolitana o centro de resistência à política de sequestros, assassinatos e tortura de presos políticos. A Cúria passou a ser visitada cotidianamente por dezenas de perseguidos, bem como por familiares de presos e desaparecidos, independentemente da orientação política ou da fé religiosa de cada um deles. O pai de Ana Rosa Kucinski, por exemplo, de tradição judaica, vinha

---

* *Fábio Konder Comparato* é doutor em Direito pela Université Paris. Professor emérito da Faculdade de Direito da USP e doutor *honoris causa* da Universidade de Coimbra, e especialista em Filosofia do Direito, Direitos Humanos e Direito Político. É também titular da Medalha Rui Barbosa, conferida pelo Conselho Federal da Ordem dos Advogados do Brasil.

quase todos os dias buscar uma palavra de consolo junto a Dom Paulo, lamentando-se desesperadamente do desaparecimento de sua filha, que foi assassinada na Casa da Morte de Petrópolis e cujo cadáver, ao que consta, foi queimado. Dom Paulo foi o primeiro a organizar, na Cúria Metropolitana de São Paulo, a lista dos desaparecidos políticos.

Para entender todo o sentido de sua posição em defesa da dignidade humana, é preciso lembrar que a Conferência Nacional dos Bispos do Brasil deu apoio oficial ao golpe militar de 1964, em declaração de 29 de maio, na qual os bispos brasileiros afirmaram que, vendo "a marcha acelerada do comunismo para a conquista do poder, as forças armadas acudiram em tempo e evitaram que se consumasse a implantação do regime bolchevista em nossa terra".

Em 1972, ele criou a Comissão Justiça e Paz de São Paulo, da qual tive a honra de ser um dos membros fundadores. Durante aqueles anos de regime de terror, nossa missão principal consistia em anotar pormenorizadamente todos os fatos relativos à prisão de opositores políticos ao regime. Periodicamente, tais fatos eram levados por Dom Paulo ao conhecimento do General Comandante do II Exército, de modo a desfazer a costumeira explicação oficial de que tais pessoas haviam desaparecido sem deixar vestígios, ou que haviam morrido em tiroteio com as forças policiais.

Documentos guardados pelo Conselho Mundial das Igrejas, em Genebra, mostram que Dom Paulo tomou a iniciativa de liderar um movimento internacional de denúncia dos crimes contra a humanidade praticados pelos dirigentes militares em nosso país. Não foi, portanto, surpreendente que em pouco tempo Dom

Paulo tenha se tornado o maior adversário do regime militar aqui instalado. Conscientes disso, os chefes militares buscaram fechar um cerco em torno dele, cerceando seus pronunciamentos através dos meios de comunicação social. Fecharam a Rádio 9 de Julho e instalaram a censura na redação do jornal *O São Paulo*, ambos pertencentes à Arquidiocese.

Dom Paulo, que à época já fora nomeado cardeal, pediu-me então que procurasse, na qualidade de seu advogado, o delegado da Polícia Federal encarregado de supervisionar essa censura ao jornal. Na entrevista com o delegado, manifestei minha estranheza com o fato de que os veículos da imprensa, do rádio e da televisão, aqui sediados, falassem abertamente de Dom Helder Câmara, arcebispo de Olinda e Recife, e silenciassem o nome do cardeal arcebispo de São Paulo. Ao que ele me retrucou: "Eu cumpro instruções, meu caro senhor. Dom Helder Câmara pode ser mencionado, toda vez que falem mal dele. Não é o que ocorre no jornal *O São Paulo* com a pessoa do cardeal".

Não tendo obtido grande êxito em silenciar Dom Paulo com o fechamento da Rádio 9 de Julho e a censura ao jornal da Arquidiocese, decidiram então os chefes militares buscar apoio na cúpula eclesiástica, a fim de isolar o "rebelde". Procuraram, com esse intuito, o cardeal arcebispo do Rio de Janeiro, Dom Eugenio Salles, que timbrava em manter um "comportamento prudente", como se dizia na caserna, e era o responsável, junto ao Vaticano, pelo funcionamento das Comissões Justiça e Paz no âmbito nacional. Instado pelos militares, Dom Eugenio, alegando instruções recebidas de Roma, decidiu transformá-las todas em simples "comissões de estudos" (*commissiones studiorum*) e mandou que um emissário comunicasse essa decisão a Dom Paulo. Ao recebê-lo durante uma reunião da nossa Comissão, Dom Paulo declarou que, ou ela manteria a mesma linha de atuação, ou deixaria simplesmente de existir.

Após as despedidas do emissário de Dom Eugenio Salles, Dom Paulo nos pediu para que preparássemos, desde logo, a transformação da Comissão Justiça e Paz em uma associação civil, dotada de personalidade jurídica e, portanto, independente da autoridade eclesiástica. O que foi feito. Com isso, pudemos prosseguir em nossas atividades, seguindo unicamente as instruções de Dom Paulo.

Permito-me, agora, falar de minhas relações pessoais com Dom Paulo, pois ele transformou minha vida, operando aquilo que no linguajar cristão tradicional costuma ser denominado uma conversão. Em 1972, eu atuava como professor de direito e advogado. A família de meus pais habitava uma casa em frente ao Palácio Pio XII, que era, à época, a residência episcopal. Surpreendentemente, lá fui chamado por Dom Paulo, sendo convidado para integrar a Comissão Justiça de Paz da Arquidiocese. Muito embaraçado, respondi que não me considerava um bom católico, no sentido de cumprir religiosamente os deveres eclesiásticos, para aceitar tal convite. Dom Paulo olhou-me firme nos olhos para dizer serenamente: "Isso não tem a menor importância; quero apenas saber se o senhor está disposto a atuar em defesa das vítimas do regime militar em vigor".

Graças a essa lição, passei a compreender que a essência da verdadeira vida cristã não está no cumprimento dos rituais religiosos, mas em servir o próximo, sem nada procurar ou esperar para si próprio. Ou, como ensina a sabedoria budista, nas palavras do Dalai Lama, "quanto mais nos importamos com a felicidade de nossos semelhantes, mais felizes nos sentimos". Não creio que tenha cumprido fielmente essa lição, mas de qualquer modo mudei o rumo de minha vida.

Pastor com cheiro de ovelha

João Décio Passos*

Dezoito anos após deixar o governo da Arquidiocese de São Paulo, deixou esse mundo o grande Pastor Paulo Evaristo Arns, para o povo simplesmente Dom Paulo e para a Igreja latina, cardeal Arns. Seu currículo, precioso em todos os aspectos, pode ser resumido em algumas palavras não quantificáveis: santidade, profecia, sabedoria. Viveu esses anos de bispo emérito no anonimato, recolhido em sua simplicidade franciscana e revelando a sua capacidade de valorizar o outro, no caso, os seus sucessores. Escolheu continuar em São Paulo, cidade que o acolheu como cidadão e pastor e que por ele já havia sido escolhida como sua terra querida. Soube como poucos conviver com os projetos diferentes de Igreja que fizeram parte do governo de seus sucessores, sem fazer sombras sobre os mesmos e sem manifestar qualquer

---

* *João Décio Passos* é doutor em Ciências Sociais e livre-docente em Teologia pela Pontifícia Universidade Católica de São Paulo, professor associado do Programa de Estudos Pós-Graduados em Ciência da Religião na mesma Universidade.

crítica ou discrepância. Certa vez disse perante eles: "São melhores do que eu!". Sabedoria política e santidade. Evidentemente, Dom Paulo tinha consciência das mudanças de rumo que aconteceram na Arquidiocese depois de seu longo governo que implantara na Igreja local um rosto nítido, expresso em todas as suas frentes pastorais, em suas instituições e em seus sujeitos. Mas sabia que havia "combatido o bom combate, concluído a carreira e mantido a fé" (2Tm 4,7). Certamente, era consciente de que ninguém é dono da história nem dono da Igreja, apenas um sujeito que presta serviço em determinado período que passa. Já rezava com Francisco que o "tempo é superior ao espaço". O abandono à providência que cuida secretamente de nós o sustentou no silêncio carregado de fé, de caridade e de esperança. Esse perfil discreto e quase anônimo do arcebispo emérito revelou, por certo, a essência do grande cardeal e do grande intelectual ativo e falante: o ser humano simples seguidor de Jesus de Nazaré, pobre com os pobres, o frade menor, filho do pobrezinho de Assis. Certamente, fora essa a substância mais íntima do cardeal destemido, comunicativo e dinâmico. Seu silêncio foi a plenitude de suas palavras, seu recolhimento o coroamento de sua ação. A esperança o sustentou sempre na ação e na contemplação, nas palavras e no silêncio.

Seu lema episcopal "de esperança em esperança" (*ex spe in spem*) norteou, de fato, sua vida como farol e como método. Nenhuma crise o fez recuar e perder o ânimo. Seu episcopado foi testado a fogo no crisol dos tempos de chumbo do Brasil. Sua voz denunciou os desmandos, as injustiças e as perseguições do regime ditatorial, agregou os dispersos e deu rumo aos que reconstruíram a democracia. Sofreu perseguições e calúnias, não somente da parte dos donos do poder e dos inimigos da liberdade e da justiça, mas também de pares de dentro da Igreja. De esperança em esperança caminhou cem cessar e jamais se furtou da verdade que devia ser dita. Fecharam sua rádio e censuraram seu jornal, mas continuou gritando a verdade sem temor. Como todo profeta, não angariou consenso e unanimidade nem dentro nem fora da Igreja. Viveu antes de tudo pela profecia, dispensou as honras e os privilégios que lhe pudessem render a posição de cardeal, perante a sociedade e perante a Cúria Romana.

O comunicador exímio. Resumia a homilia em dez minutos e falava com naturalidade à falange de jornalistas que o assediava. Não se embaraçava em situações adversas. Falou frontalmente com Golbery sobre as prisões e torturas. Ao Secretário de Segurança que comandara a invasão da PUC dizia: na universidade se entre por concurso e por vestibular. Ao jornalista que o interrogava sobre o uso de preservativo afirmava: aplica-se o princípio do mal menor, conforme a tradição da Igreja. Dizia sem concessões políticas que a Cúria Romana comandava o Papa. Por essa razão atraiu oposições, difamações, ódios e perseguições. Não recuou, não lamentou, não retrucou com violência. Ao contrário, dialogou, discerniu, perdoou e amou a todos, de modo preferencial os pobres e os sofredores.

Na sua mensagem de condolências enviada à Igreja de São Paulo, o Papa Francisco recordava com precisão quem foi Dom Paulo: "Intrépido pastor que no seu ministério eclesial se revelou autêntica testemunha do Evangelho no meio do seu povo, a todos apontando a senda da verdade, da caridade e do serviço à comunidade em permanente atenção pelos mais desfavorecidos".

Dom Paulo recebe agora a "coroa da justiça que lhe estava reservada e que lhe dá o justo juiz" (2Tm 4,8). Recordar todos os seus feitos seria, de fato, impossível neste momento não somente pela lista de incontáveis atos, decisões e discursos, mas também pelo que realizou em sua longa permanência em São Paulo, primeiro como bispo auxiliar (1966-1970) e, em seguida, como arcebispo (1970-1998). Seu currículo é repleto de gestos dignos dos grandes homens que se tornam heróis. Figura carismática jamais enquadrada nas regras da instituição ou a elas reduzida em nome do papel oficial exercido ou de qualquer privilégio. Viveu da liberdade que brota da verdade do Evangelho. A partir desse núcleo essencial exerceu seu ministério com firmeza e alegria contagiante. A misericórdia foi sua regra de vida: acolheu os refugiados políticos, os pobres, os sofredores, os excluídos, os intelectuais perseguidos, os teólogos suspeitos... As pautas do pontificado de Francisco foram antecipadas emblematicamente em suas ideias e ações. Pode-se dizer que colhemos hoje na Igreja universal o que aqui na América Latina foi sendo plantado depois do Vaticano II e em nome dele. Dom Paulo personifica de modo emblemático o pastor que tem *cheiro de ovelhas* e que exerce a profecia e a misericórdia. Sua Igreja foi às periferias sociais e existenciais, foi, de fato, a Igreja que se suja por sair na direção do outro, a Igreja que coloca a acolhida antes da norma objetiva e o amor antes e acima da regra. A era Dom Paulo passou, mas ressurge, agora, de modo inequívoco nas palavras, nos gestos e nas programáticas de Francisco. Isso significa que o paradigma eclesial adotado por Dom Paulo Evaristo deve ser resgatado com toda urgência, na fidelidade ao Evangelho, mas também na fidelidade ao Magistério de Francisco. A memória de sua era deverá alimentar os ideais e práticas de Igreja atuais, deverá deixar de ser memória e ser ação concreta. O caminho já foi feito e muitos ainda se lembram de como caminhar. É tempo de reformar a Igreja, sonha e conclama Francisco:

"Sonho com uma opção missionária capaz de transformar tudo, para que os costumes, os estilos, os horários, a linguagem e toda a estrutura eclesial se tornem um canal proporcionado mais à evangelização do mundo atual que à autopreservação. A reforma das estruturas, que a conversão pastoral exige, só se pode entender neste sentido: fazer com que todas elas se tornem mais missionárias, que a pastoral ordinária em todas as suas instâncias seja mais comunicativa e aberta, que coloque os agentes pastorais em atitude constante de 'saída' e, assim, favoreça a resposta positiva de todos aqueles a quem Jesus oferece a sua amizade" (*Evangelii gaudium*, 27).

Dom Paulo está vivo com seus ideais e projetos. Aquilo que foi motivo de reservas e até de condenação em sua vivencia eclesial em São Paulo, é hoje pauta comum de toda a Igreja. Seu magistério suspeito é hoje magistério universal. A opção pelos pobres que compunha a convicção de um segmento eclesial do continente está hoje apresentada como questão de fé para toda a Igreja e como algo que ninguém tem o direito de relativizar em nome de qualquer hermenêutica eclesial (EG 194). Francisco faz hoje justiça a Dom Paulo e a todos os que no continente levaram adiante a postura mais básica do Vaticano II: a Igreja servidora de toda a humanidade e, de modo particular, dos pobres, a Igreja arauto da justiça e em diálogo permanente com o mundo. Neste momento, Francisco nos confirma na fé e nos alimenta a esperança na direção do que Dom Paulo semeou. Não se trata de preservar intacto aquilo que ele fez, mas de dar continuidade à substância de seu projeto para a grande cidade de São Paulo na sua situação presente: a solidariedade com os pobres, a presença da Igreja nas periferias, o diálogo com as religiões e com a cultura, a defesa intransigente dos direitos humanos e das liberdades. Não restam dúvidas de que nestes dezoito anos o mundo mudou significativamente. As produções e relações humanas se tornaram realmente globalizadas. O individualismo e o consumismo assumiram a posição central nos comportamentos individuais e coletivos. As tecnologias oferecem toda a base para a operação do mercado financeiro e de consumo. A pobreza ficou inserida nesses processos e adquiriu um dinamismo ainda mais perverso: cada vez mais escondida dentro do consumismo que "nivela" a todos na satisfação dos desejos de apossar-se dos produtos incessantemente oferecidos pelo mercado. O mundo nunca necessitou tanto de líderes e de ideais de transformação capazes de recriar as visões e as práticas predominantes. O Brasil recua em suas conquistas democráticas e sociais. A política mundial se vê seduzida por modelos conservadores e se torna cada vez mais refém do mercado financeiro. Também o povo vai se amoldando às seduções de bem-estar do mercado de consumo, inclusive em suas práticas religiosas. A profecia que critica sem medo e concessões e anuncia um outro mundo possível urge dentro e fora da Igreja, no continente latino-americano e no planeta. Que a memória de Dom Paulo acenda como farol e nos ajude a avançar na busca do Reino de Deus dentro das contradições da história.

Dom Paulo será incluído pelo povo na galeria dos santos. Juntamente com sua irmã Zilda Arns, de quem, mais que irmão de sangue, foi irmão de ideal de vida plena, brilhará nos céus de nossas mentes como estrela guia. A intrepidez e sabedoria do Apóstolo de quem emprestou o nome, a vontade de mudar as coisas para melhor, contida no nome Evaristo, e a simplicidade do frei foram valores presentes antes, durante e depois do episcopado e do cardinalato. O episcopado vivenciado como serviço e como profecia o coloca entre as raras personalidades que são capazes de viver na tradição sem ser defensor da conservação, de administrar a instituição eclesiástica sem se tornar um burocrata, de exercer o poder sem colocar-se acima das pessoas. A difícil síntese da profecia com a função institucional, do poder com o serviço e da erudição com o pastoreio foi feita por Dom Paulo de modo natural e exemplar. Sua pequena estatura tornava-se imensa: irradiava força, alegria e comunicação em todos os ambientes em que estava. Falava com os pobres e com os generais, com o Papa e com os encarcerados, com intelectuais e com o povo simples na mesma desenvoltura; tinha a palavra certa para a hora certa e carregava a "esperança sempre" no corpo e na alma.

O Papa Francisco insiste sempre que o pastor tem que ter o "cheiro da ovelha". Dom Paulo foi impregnado pelo cheiro do povo da periferia, do suor dos pobres trabalhadores, do sangue dos torturados nas prisões da ditadura e dos miseráveis que dormiam nas ruas de megalópole. O mesmo Papa fala que prefere a Igreja enlameada a uma Igreja limpa por ficar trancada em si mesma. Dom Paulo nunca temeu sujar seu nome por causa da verdade. Foi caluniado pelos donos do poder e do capital. Fecharam a

Rádio 9 de Julho, censuraram o Jornal da Arquidiocese, difamaram sua pessoa e distorceram suas palavras. Até mesmo dentro da Igreja não faltaram aqueles que se dedicassem a essa tarefa indigna. Dom Paulo viveu e praticou a profecia em seus gestos e palavras, sem medo das contradições inerentes a essa opção, conforme alertou Jesus de Nazaré: "Ai de vocês, quando todos os homens falarem bem de vocês" (Lc 6,26). Certa vez afirmou que em sua vida jamais tinha sido um homem do consenso. Na sua longa existência soube, de fato, alimentar-se das contradições, na verdadeira mística profética e na resistência do servo sofredor. O pastor continuou sempre com voz firme e jamais arredou o pé do caminho do Mestre da verdade e da vida, do caminho dos simples e dos pobres, longe das honras e das glórias, seguiu firme pela *via crucis* que conduziria sem desvio à ressurreição de "esperança em esperança".

A morte de Dom Paulo não apaga a sua vida. Ao contrário, o bom pastor continua brilhando como exemplo de vivência da fé em nossos dias. Perante o clericalismo que avança com força na Igreja atual, a figura de Dom Paulo aponta para o serviço e ensina que o poder não define a missão de nenhum ministério da Igreja, ordenado ou leigo; perante o mundo que vive a idolatria do dinheiro e a mística do consumo, o frade franciscano brilha com sua simplicidade apontando para uma cultura do necessário, sem excessos e sem hedonismo; perante o triunfo do relativismo moral centrado no absoluto do indivíduo, o pastor convida à vida em comunidade para todo o povo de Deus e clama pela justiça para todos os filhos de Deus; perante os tradicionalismos que fixam as referências da fé em algum ponto do passado, o pensador cristão chama para o confronto da fé com a vida, do passado com o presente, da Palavra com as palavras atuais; perante as usurpações de direitos sociais que se encontram em curso em nosso país, Dom Paulo continua clamando que todos os direitos devem ser respeitados e que a igualdade é uma exigência que vem da fé em Jesus Cristo e das instituições do Estado moderno.

Dom Paulo Evaristo Arns é um filho fiel e exemplar do Vaticano II e da tradição eclesial latino-americana demarcada pela Conferência de Medellín. O *aggiornamento* da Igreja desejado por São João XXIII tornou-se o espírito e o *modus operandi* das Igrejas latino-americanas nas décadas que se seguiram ao Concílio. Uma geração de bispos construiu com palavras e gestos a tradição da Igreja dos pobres compromissada com a justiça. Todos pagaram o preço dessa opção perante os poderes instituídos, desde a esfera macro do império do dinheiro comandado pelos Estados Unidos, até as ditaduras que comandavam com força bruta a maioria dos povos do continente, passando, muitas vezes, pelos controles autoritários da própria Cúria Romana. Essa geração de autênticos padres da Igreja do continente deixou suas sementes que produziram frutos maduros, agora visíveis. Podemos hoje cantar com Maria que o "poderoso elevou os humildes". O mártir Oscar Romero agora é santo e representante oficial de todos os mortos pela causa dos pobres pelo continente afora. Dom Helder, o grande mentor do Concílio Vaticano II e da Conferência da Medellín, bispo vermelho dos ditadores e suspeito de alguns setores eclesiásticos, está a caminho da beatificação. Cardeal Bergoglio é Papa e leva para o centro da Igreja a profecia e a opção pelos pobres. Dom Paulo perfila esses grandes padres e compõe a galeria dos santos e dos sábios do continente; representa todos os que enfrentaram e enfrentam o poder sem medo e em nome da dignidade da vida humana.

"Os conscientes hão de brilhar como relâmpagos, os que educam a muitos para justiça brilharão para sempre como estrelas" (Dn 12,3). Essa sentença do julgamento divino sobre os oprimidos da história, proclamado por Daniel, ressoa como verdade e esperança para a Igreja da América Latina. Dom Paulo já brilha como estrela. Seu legado perpetuará para as gerações futuras, juntamente com os grandes pastores defensores dos pobres que agora triunfam na Igreja celeste e iluminam a Igreja terrestre.

De esperança em esperança.

Cardeal Arns
Construtor de uma Igreja pobre e para os pobres

LUÍS MIGUEL MODINO*

Tornou-se famosa aquela frase que o Papa Francisco pronunciou em 16 de março de 2013, poucos dias depois de sua eleição como Bispo de Roma, na Aula Paulo VI, cheia de jornalistas: "Como eu gostaria de uma Igreja pobre e para os pobres". A morte do cardeal Paulo Evaristo Arns leva-me a afirmar que ele conseguiu construir esta Igreja pobre e para os pobres, esta Igreja que sempre esteve ao lado daqueles que a sociedade descarta.

Desde sua eleição como bispo auxiliar de São Paulo em 1966, sede que assumiu como arcebispo em 1970, até sua renúncia em

---

* *Luís Miguel Modino* nasceu em Moral del Condado, León, Espanha, em 1971. Presbítero diocesano de Madri desde 1998 e missionário na Diocese de Ruy Barbosa, Bahia, Brasil, desde 2006 a fevereiro 2016, ano que foi enviado à Diocese de São Gabriel da Cachoeira, estado de Amazonas, para acompanhar a vida dos povos indígenas. Mantém o *blog* Periodista digital, um espaço onde conta experiências que vive no dia a dia de seu trabalho evangelizador como missionário.

1998, sempre teve como foco principal de sua ação pastoral os habitantes das periferias de uma das maiores cidades do Planeta. Para isso, criou um grande número de Comunidades Eclesiais de Base, que tornou possível a evangelização dos mais pobres, bem como a defesa e a promoção dos direitos humanos, especialmente na época da ditadura militar, contra a qual se confrontou abertamente e que nunca conseguiu silenciá-lo.

O cardeal Arns era alguém que não deixava ninguém indiferente, que provocava reações de diversas índoles, desde aqueles que o admiravam e o aplaudiam, como aqueles que o desprezavam abertamente. Isto foi consequência de sua encarnação em uma realidade nada fácil de enfrentar. Cabe recordar que, em 1973, indignado com a situação dos presos políticos, depois de uma conferência sobre direitos humanos na rádio da Arquidiocese, esta foi fechada pelo governo, sem qualquer acusação com base jurídica.

Dentro da própria Igreja não foi diferente. Muitos nunca o perdoaram pela chamada "Operação Periferia", na qual ele construiu uma grande quantidade de centros comunitários nas áreas mais pobres da Arquidiocese que pastoreava. Para isso, decidiu vender o Palácio Episcopal e destinar a essa causa 25% de tudo o que foi arrecadado. Não são poucos os que afirmam que a subsequente divisão da Arquidiocese de São Paulo, em 1989, e o nascimento de quatro novas dioceses, pelo expresso desejo de João Paulo II, de quem ele nunca se sentiu próximo, foi uma forma de reduzir o poder de influência do cardeal brasileiro. Dioceses nas quais foram colocados bispos de uma linha conservadora, totalmente diferente da perspectiva do cardeal Arns.

Com sua morte, nos deixa outro dos numerosos bispos profetas que o Brasil teve, nos anos que se seguiram ao Vaticano II, pessoas comprometidas até o extremo. Podemos mencionar, entre outros, Helder Câmara, Aloysio e Ivo Lorscheider, Tomás Balduino, Luciano Mendes de Almeida ... de quem podemos dizer que colocavam antes a vida e os direitos dos mais pobres que sua própria vida, que não se esquivavam de alguém deitado à beira do caminho.

Hoje, a Igreja da base, os pequenos, os movimentos populares, os seguidores da Teologia da Libertação, estão entristecidos pela perda de quem será sempre reconhecido como um profeta que lutou o bom combate e que continuará a inspirar aqueles que acreditam que o Evangelho é válido, quando se converte em vida em abundância para todos, quando é instrumento que inspira a luta por um mundo melhor, por um Reino que Paulo Evaristo Arns, um religioso franciscano, esforçou-se em fazer realidade ao longo dos seus 95 anos de vida, 71 de padre, 50 de bispo e 43 de cardeal.

Toda uma vida de serviço, "de esperança em esperança", como diz seu lema episcopal. Que no céu se encontre com sua irmã Zilda Arns, fundadora da Pastoral da Criança, que morreu no terremoto do Haiti em 2010, enquanto dava uma conferência, na qual defendia a importância de cuidar das crianças como um bem sagrado. São estes homens e mulheres de Deus que nos fazem ver que Ele continua presente entre nós e que não podemos deixar de caminhar "de esperança em esperança".

(Tradução do espanhol por Agenor Brighenti)

Imagens de um apóstolo dos direitos humanos

Foto 15: Dom Paulo

Foto 18: Em manifestação de jovens

Foto 16-17: Na celebração ecumênica de sétimo dia pela morte do jornalista Vladimir Herzog, junto com o rabino Henry Sobel na Igreja da Sé em São Paulo, em 1975

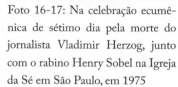

Foto 19: No velório de morte do jornalista Vladimir Herzog, consolando filhos

Foto 20: Recebendo o Presidente Carter

Foto 21: Dom Paulo

Foto 22: Com operários

Foto 23: Brasil Nunca Mais

Foto 24

Foto 25: Nas negociações para libertação do empresário Abílio Diniz, entrega um papel para um dos sequestradores

Foto 26

Foto 27

Foto 28: Vicaria de la Solidaridad, Chile   Foto 29

Foto 30

III

Dom Paulo
O Cardeal da Esperança

(Repercussões e destaques na imprensa)

Morreu o cardeal de muitos epítetos*

PEDRO DEL PICCHIA**

Morreu nesta quarta-feira (14), na capital paulista, o arcebispo emérito de São Paulo, cardeal Dom Paulo Evaristo Arns, 95. Ele estava internado no Hospital Santa Catarina desde o último dia 28 com problemas pulmonares. Nesta semana, havia sofrido uma piora em sua função renal e estava na UTI. A morte ocorreu por volta das 11h45.

Ao longo da vida, o frade franciscano Paulo Evaristo Arns recebeu muitos epítetos. Foi chamado de cardeal da liberdade,

---

* Reportagem publicada por *Folha de São Paulo*, em 14.12.2016.

** *Pedro Del Picchia*, jornalista e escritor, foi correspondente da *Folha* em Roma de 1978 a 1981. Atuou por muitos anos na *Folha de São Paulo* como repórter, editor, correspondente, secretário de Redação, entre outros cargos. Como assessor de imprensa e coordenador de comunicação, trabalhou para a FIESP, SEBRAE de São Paulo, CNI, SEBRAE nacional e outras instituições. Foi chefe de imprensa da Prefeitura de São Paulo e da Câmara Municipal paulistana, além de Secretário de Comunicação Social do Supremo Tribunal Federal, sob a presidência do ministro Cezar Peluso.

bispo dos oprimidos, cardeal dos trabalhadores, bispo dos presos, bom pastor, cardeal da cidadania, guardião dos direitos humanos e tantos outros. Mas já ao final da vida, quando lhe perguntaram como gostaria de ser lembrado, deu uma resposta singela: "amigo do povo".

Como padre, bispo e cardeal, lutou pela liberdade, ficou ao lado dos trabalhadores e dos oprimidos, combateu em defesa dos direitos humanos, mas foi, sobretudo, exatamente como gostaria de ser lembrado, um amigo do povo. Nesta condição, subiu morros, frequentou favelas, incursionou pelas periferias e enfrentou os generais da ditadura para dar proteção a perseguidos políticos – de religiosos a operários, de advogados a jornalistas. Quando do assassinato do jornalista Vladimir Herzog por agentes do governo, em 1975, comandou na Catedral da Sé um culto ecumênico que, reunindo milhares de pessoas, acabou por se transformar num dos atos públicos mais significativos da luta contra o regime militar instalado 11 anos antes no país.

O golpe de 1964 colheu o frade franciscano dando assistência religiosa aos moradores dos morros de Petrópolis (RJ). Lá chegara depois de uma trajetória iniciada no dia 14 de setembro de 1921, quando nasceu na colônia de Forquilhinha, região de Criciúma, em Santa Catarina. Teve 13 irmãos, quatro dos quais (três freiras e um padre) se dedicaram também à carreira religiosa – sendo Zilda Arns, fundadora da Pastoral da Criança que morreu no terremoto do Haiti em 2010, a mais conhecida. Pela mãe, Helena, nutria uma enorme ternura, mas a admiração reverencial pelo caráter do pai, Gabriel, salta das páginas autobiográficas do volume *Da esperança à utopia: trajetória de uma vida* (Editora Sextante, 2001). Nas memórias, trata a mãe quase como santa e o pai, como ídolo. Identifica nele o "herói anônimo da não violência" que o inspiraria pelo resto da vida.

Relata com dramaticidade – bom escritor que foi – o episódio em que o velho descendente de alemães se coloca à frente de uma arma para apartar uma briga entre irmãos no armazém da colônia, de sua propriedade. Corajoso, líder e democrata – assim Dom Paulo via o próprio pai, em cujos exemplos, conta, baseou-se para implantar uma gestão participativa na Arquidiocese de São Paulo. Da infância herdou também, sobretudo da mãe, a profunda religiosidade que o acompanharia para sempre. Pois, apesar de ser mais conhecido, no Brasil e no mundo, por suas ações políticas, Dom Paulo dedicou seguramente a maior parte de sua vida à pregação do Evangelho e à propagação da fé católica.

Estudou teologia exaustivamente e se especializou na patrística – a história e a filosofia dos primeiros séculos do cristianismo. Foi um homem culto. O amor à cultura também vem da infância, por influência de dois tios, Adolfo e Jacó, professores em Forquilhinha e declaradamente seus mais queridos mestres. Calçou sapatos pela primeira vez aos oito anos – antes, só tamancos – e assim que conseguiu convencer seu pai, que o queria como sucessor à frente do armazém da colônia, partiu para a o seminário menor franciscano de Rio Negro, no Paraná, em 1934. De lá seguiu para Rodeio, Santa Catarina. Em seguida, transferiu-se para o seminário de Petrópolis, no Rio de Janeiro, onde foi ordenado sacerdote em 1945.

Escolhido por seu superior para estudar teologia, embarcou para a França, aportando na prestigiosa Sorbonne do pós-guerra.

Lá se dedicou também ao estudo de línguas e recebeu o título de doutor, em 1952. No mesmo ano voltou ao Brasil, lecionou em instituições franciscanas e dedicou-se a escrever livros e artigos, tornando-se jornalista profissional. Trabalhou, então, como vigário nos subúrbios de Petrópolis, onde foi à luta organizando a população das favelas locais. Inspirou-se em ensinamentos tirados da infância: "O povo é a família do padre (...). E o padre (...) não é fujão nem frouxo".

Regime militar

Nomeado bispo em 1966, por decisão pessoal do Papa Paulo VI, a quem conhecera em Roma, voltou à terra natal para ser ordenado ao lado dos colonos de Forquilhinha. A seguir assumiu a função de bispo auxiliar de São Paulo, por uma improvável escolha do cardeal Agnelo Rossi, alinhado à ala conservadora da Conferência Nacional dos Bispos do Brasil.

Como bispo auxiliar da região norte da maior cidade brasileira, começou a visitar os presos comuns no Carandiru e, por designação do cardeal, foi ao presídio Tiradentes saber das condições de um grupo de frades dominicanos encarcerados por motivos políticos, entre eles Frei Betto e Frei Tito. Constatou que foram torturados e encontrou Tito esvaindo em sangue. Voltou ao cardeal e relatou o que viu. Para sua surpresa, como relata em *Da esperança à utopia*, ouviu de seu superior: "Muito obrigado, Dom Paulo, (...) mas outros me garantem que não há tortura nas nossas prisões". Ele nunca criticou publicamente Dom Agnelo pela declaração. Mas a partir desse batismo de sangue assumiu em São Paulo a vanguarda da luta pelos direitos humanos e pela defesa dos presos políticos.

Em outubro de 1970, foi designado titular do arcebispado em substituição ao cardeal Rossi, que foi servir em Roma. Outra vez, uma escolha pessoal de Paulo VI, o Papa que Dom Paulo mais admirou e de quem se aproximara em passagens de estudos pelo Vaticano. À frente da Igreja de São Paulo, aplicou ensinamentos do Concílio Vaticano II e transformou em ações concretas a opção preferencial pelos pobres afirmada na Conferência Episcopal de Medellín, Colômbia, em 1968.

Começou a gestão vendendo o imponente palácio episcopal. Com o dinheiro, comprou terrenos em bairros populares para construir centros comunitários e instalações religiosas modestas, dando início à "Operação Periferia". Jogou os costumes principescos de seus antecessores pela janela. Surpreendeu os religiosos que o serviram na Cúria paulista ao sentar-se com eles às refeições. Inspirou-se no que ouviu do pai ao contar-lhe que queria ser padre: "[você] sempre será filho de colono e de seu povo". Agindo como tal, investiu em trabalho comunitário, foi às periferias, voltou-se para os migrantes e espalhou Comunidades Eclesiais de Base pelos quatro cantos da cidade. Ao mesmo tempo, revitalizou o estudo doutrinário entre os religiosos e fez da evangelização um objetivo constante em todas as ações da Arquidiocese, até nos presídios. São dessa época seus grandes confrontos com os generais da ditadura. Enfrentou os sucessivos comandantes do II Exército (hoje Exército do Sudeste), sediado em São Paulo, e até presidentes da República.

Num encontro com o presidente Emílio Garrastazu Médici, a conversa encerrou-se aos berros. Foi Médici quem decretou, depois, em 1973, a cassação da rádio Nove de Julho, tradicional emissora da Igreja em São Paulo. Do mesmo modo, desafiou as autoridades civis de São Paulo, de governadores afinados com a ditadura a secretários de Segurança e delegados de polícia, tentando preservar a vida e assegurar os direitos fundamentais dos presos políticos.

Com base no exemplo de Paulo VI no Vaticano, reproduziu na Arquidiocese de São Paulo a Comissão Justiça e Paz, em 1972, indo buscar o jurista Dalmo de Abreu Dallari para ser seu primeiro presidente. Paulo VI declaradamente o admirava e, no consistório de 1973, elevou-o a cardeal. Sem perder o foco na ação propriamente religiosa de que pouco se fala, usou a nova insígnia papal para se contrapor aos desmandos da repressão política. Apoiou decididamente o procurador de Justiça Hélio Bicudo em sua luta contra o Esquadrão da Morte – quadrilha policial de assassinos de que fazia parte um notório torturador e ícone da ditadura, o delegado Sergio Paranhos Fleury.

Foi a Comissão Justiça e Paz que publicou nos anos 1970 o livro de Bicudo sobre o Esquadrão, recusado por editoras comerciais. No período sofreu ameaças e calúnias – como denúncias anônimas taxando-o de homossexual. Sobre isso jamais se pronunciou, demonstrando absoluto desprezo por seus detratores. Mas admitiu ter sido informado de que o acidente de automóvel que sofreu no Rio de Janeiro fora na verdade um atentado à sua vida. Sobreviveu e ainda bateu muito na ditadura – por exemplo, patrocinando a publicação de *Brasil: Nunca Mais*, sobre os mortos e desaparecidos na ditadura militar. Apanhou também.

Um dos animadores de suas organizações de base, o operário Santo Dias, presidente da Pastoral Operária, foi assassinado pela polícia com um tiro nas costas durante uma manifestação popular. O nome do operário – "cuja sorte foi a mesma de Jesus Cristo pregado na cruz", nas palavras de Dom Paulo – tornou-se mais um símbolo da luta do cardeal com a criação, anos mais tarde, do Centro Santo Dias de Defesa dos Direitos Humanos, hoje internacionalmente conhecido.

Na prisão, Dom Paulo foi ainda visitar – e procurar proteger sob o manto cardinalício – sindicalistas e estudantes. No episódio Herzog, sua figura se agigantou. O regime militar fez de tudo para desqualificá-lo e ensaiou até manobras diplomáticas junto ao Vaticano por seu afastamento da Arquidiocese de São Paulo. Foram esforços vãos.

João Paulo II

Surpreendentemente, sofreu seu maior revés no período da restauração democrática do país. Numa iniciativa cujas motivações mais profundas são até hoje mal explicadas, o Papa João Paulo II fracionou a Arquidiocese em seções menores e, por consequência, com menos poderes. Antes que o fato fosse consumado, o cardeal se queixou pessoalmente ao Papa, que negou ter dado a ordem. Porém, como Dom Paulo deixa claro em suas memórias, nada dessa magnitude acontece sem autorização expressa do pontífice.

Também na campanha do Vaticano contra a Teologia da Libertação, arquitetada pelo então cardeal Joseph Ratzinger (depois Papa Bento XVI), João Paulo II agiu do mesmo modo. Disse a Dom Paulo que não era contra a doutrina, mas deixou a Cúria Romana mandar um visitador para colher elementos processuais com vistas a bombardear a prática da Teologia da Libertação em São Paulo.

Depois dessas contrariedades, o cardeal se afastou, em 1998, por limite de idade, do comando da Arquidiocese de São Paulo, levando o título de arcebispo emérito. Passou os últimos anos de sua vida entre orações, leituras e assistência aos idosos, recebendo ainda inúmeras homenagens, entre as quais a da presidente Dilma Rousseff que, em 18 de maio de 2012, foi visitá-lo na Congregação Franciscana Fraternidade Nossa Senhora dos Anjos, em Taboão da Serra (SP). Na ocasião, Dilma contou a ele as providências do governo para criar a Comissão da Verdade, instalada poucos dias antes. Já bastante combalido, não fez comentários públicos a respeito.

A rigor, seu derradeiro gesto de caráter político – embora de fundo religioso – ocorreu pouco antes de deixar o comando da Arquidiocese, em 1998, quando reagiu de forma dura às atitudes da Cúria Romana, levando João Paulo II a admitir, em uma difícil conversa pessoal com o cardeal brasileiro, que era, sim, o responsável final por aquelas decisões polêmicas. "A Cúria sou eu", disse o Papa, provocado por Dom Paulo. Mais uma vez, então diante da autoridade máxima da Igreja Católica Romana, o frade mostrou que não era frouxo.

Morre cardeal-profeta*

Mauro Lopes**

"Morreu no final da manhã desta quarta-feira (28), em São Paulo, cardeal arcebispo emérito de São Paulo Dom Paulo Evaristo Arns, aos 95 anos. Ele estava internado desde 28 de novembro com uma broncopneumonia. Foi um dos líderes da renovação teológica do Brasil e da América Latina dos anos 1960/1970, que levou à criação da Teologia da Libertação.

Ao lado de Dom Pedro Casaldáliga, Dom Helder Câmara, Dom Antônio Batista Fragoso, Dom José Maria Pires e outros, Dom Paulo compôs a linha de frente de uma Igreja popular, comprometida com os pobres, os direitos humanos e a luta contra o regime militar brasileiro instalado com o golpe de 1964. Os teólogos formuladores da Teologia da Libertação no Brasil eram

---

* Depoimento publicado por *Outras Palavras*, em 14.12.2016.

** *Mauro Lopes*, jornalista, começou como editor da área na *CartaCapital*. Fundou e dirigiu desde 1991 a agência de comunicação MVL, até 2005. Antes da MVL Mauro esteve por muitos anos na *Folha de São Paulo*.

interlocutores frequentes de Dom Paulo e os demais bispos e cardeais, alguns deles leigos e outros sacerdotes ou religiosos: Carlos Mesters, Frei Betto, Leonardo Boff, Ivone Gebara, José Comblin, entre outros.

Em maio de 1966, foi nomeado bispo auxiliar do então cardeal arcebispo de São Paulo, Dom Agnelo Rossi, e a partir de então sua ligação com a maior cidade do Brasil tornou-se profunda. Estimulava a criação de centenas de núcleos das Comunidades Eclesiais de Base (CEBs), visitava com frequência os presos da Casa de Detenção e, em 1969, foi designado por Dom Agnelo Rossi para acompanhar os frades Dominicanos e outros religiosos na prisão. Ao visitá-los e a outros presos, constatou que todos eram torturados – a experiência marcou Dom Paulo.

Um ano depois, em 1970, o Papa Paulo VI nomeou-o arcebispo de São Paulo – os dois tiveram uma amizade sólida, que foi decisiva anos depois na defesa de Dom Pedro Casaldáliga, perseguido e odiado pelo regime militar brasileiro e pela cúpula conservadora da Cúria Romana. Dom Paulo procurou o Papa para interceder por Dom Pedro e a resposta de Paulo VI tornou-se famosa: "Mexer com Pedro é mexer com o Papa".

Os militares não gostaram nada da nomeação de Dom Paulo, menos ainda quando ele tornou-se cardeal, em 1973, no auge da repressão governamental. Ato contínuo à sua nomeação como cardeal, ele criou Comissão de Justiça e Paz, que funcionava na Cúria Metropolitana e tornou-se o polo de resistência, refúgio, solidariedade e ações legais em defesa de prisioneiros e desaparecidos políticos, e de seus familiares.

Em 1975, quando o jornalista Wladimir Herzog foi morto sob tortura na sede do II Exército em São Paulo, em 25 de outubro, Dom Paulo uniu-se ao rabino Henry Sobel (Herzog era judeu) e ambos lideraram as celebrações religiosas até o enterro, debaixo de intensa pressão do regime militar, que desejava que sua versão de "suicídio" prevalecesse. O culto na catedral da Sé, presidido por Dom Paulo, sob intenso cerco das forças de repressão, que reuniu milhares de pessoas, é um dos marcos da vida brasileira.

Em 30 de outubro de 1979, sofreu um duro golpe com o assassinato pela polícia de Santo Dias da Silva, seu amigo pessoal, operário metalúrgico, líder da Pastoral Operária e das Comunidades Eclesiais de Base. O velório e o enterro de Santo ocorreram novamente sob pressão violenta do regime militar e, mais uma vez, Dom Paulo liderou as celebrações religiosas.

O lema de Dom Paulo como bispo, arcebispo e cardeal – "De esperança em esperança" – foi uma inspiração em sua vida sacerdotal. Ele dizia que São Francisco era "o encanto de toda minha vida" e que seu desejo último era "ser padre na vida eterna".

No livro *Da esperança à utopia* (São Paulo, Sextante, 2001), de autoria do próprio Dom Paulo, ele escreveu sobre seu lema e sua vocação: "Qualquer coisa que tenha feito em minha vida ou ainda chegue a realizar explica o fato de eu ser padre. Fui por longos anos professor, mas sempre padre-professor, ao ensinar literatura, teologia ou didática. Escrevi livros e milhares de artigos mesmo antes da ordenação sacerdotal. Trazem a marca de padre. Amei muito na vida e passei por situações humilhantes, por calúnias graves e muito difundidas, mas sempre como padre ou porque desejei cumprir a missão que Cristo me confiou. Meu lema de bispo, arcebispo e cardeal – 'De esperança em esperança' – foi escolhido na época em que eu era simples padre. Nem me custa acrescentar: gostaria de ver as angústias e promessas do mundo com o coração de padre. E quando, um dia, o coração deixar de bater, que o amor encontre na vida eterna a mesma forma de ser padre, assim como Cristo, o eterno sacerdote, o dispuser".

A última aparição pública de Dom Paulo Evaristo Arns foi uma homenagem, na noite de 24 de outubro no Teatro da Pontifícia Universidade Católica (Tuca), na capital paulista, pelos seus 95 anos de vida, comemorados no dia 14 de setembro. A cerimônia foi marcada por relatos de ações de Arns contra a ditadura militar, nas décadas de 1960 e 1970, e em defesa dos direitos humanos. O Papa Francisco enviou uma mensagem especialmente para a comemoração.

"Louvemos e agradeçamos ao Altíssimo, onipotente e bom Senhor pelos 95 anos de vida de Dom Paulo, seus 76 anos de consagração religiosa, 71 anos de sacerdócio ministerial, 50 de episcopado e 43 anos de cardinalato", afirmou a nota da Arquidiocese de São Paulo logo depois da morte do cardeal-profeta.

Morre Dom Paulo Evaristo Arns:
"O Cardeal da Esperança"*

CAMILA MORAES**

Dom Paulo Evaristo Arns morreu nesta quarta-feira, vítima de uma broncopneumonia. O cardeal foi uma das pessoas mais influentes da Igreja Católica e da sociedade brasileira, conhecido pela contenda de uma vida inteira em defesa dos direitos humanos no país. Dom Evaristo, aos 95 anos completados em setembro, estava internado no Hospital Santa Catarina, em São Paulo, desde 28 de novembro, e hoje foi declarado pelos médicos que sofreu uma falência múltipla de órgãos.

Apesar de ter passado os últimos anos vivendo recluso em um convento em Taboão da Serra, sua morte impacta diferentes

---

* Publicado no Jornal *El Pais*, edição brasileira, em São Paulo, em 14 de dezembro de 2016. © CAMILA MORAES / EDICIONES EL PAÍS S.L., 2016

** *Camila Moraes* é jornalista, escritora e tradutora. Escreve para o *El País* e mantém o La Latina, um *blog* sobre cultura latino-americana.

grupos sociais pelo seu papel decisivo na história da democracia brasileira. Dom Paulo, com 71 anos de sacerdócio, é uma figura que congrega pessoas muito além de crenças religiosas. Foi um dos principais nomes na luta contra a ditadura (1964-1985) e a favor do voto nas Diretas Já. Por conta disso – e por sua atuação incansável na defesa dos pobres – ficou conhecido como o "cardeal da esperança".

Na mais recente homenagem à sua trajetória política, em seu 95 aniversário, foi descrito por Dom Angélico Sândalo Bernardino como "o rosto da periferia de São Paulo". "Ele é ecumênico, coração aberto, anunciando a urgência de resistirmos contra toda mentira, contra toda impostura. Naquele tempo, contra a ditadura civil-militar. E essa resistência, a que ele nos convida, é permanente no Brasil atual", disse o bispo da Diocese de Blumenau.

Celebrada em 24 de outubro no Teatro da Pontifícia Universidade Católica (Tuca), às vésperas da morte do jornalista Vladimir Herzog na mão dos militares em 1975, a cerimônia reuniu religiosos, líderes militantes, intelectuais e jornalistas. Foi marcada, sobretudo, por relatos das ações de Arns contra a tortura aplicada pelos militares nos anos 1960 e 1970 e também por gritos de "Fora, Temer".

João Pedro Stédile, coordenador nacional do Movimento Sem Terra, afirmou que sem ele os movimentos sociais careceriam de guia. "A maioria dos movimentos que hoje existem, MST, MAB [Movimento dos Atingidos por Barragens], Movimento dos Pequenos Agricultores, Comissão Pastoral da Terra, Cimi [Conselho Indigenista Missionário], nascemos orientados por vossa sabedoria, que pregava: em tempos de ditadura, Deus só ajuda quem se organiza. Então fomos nos organizar. Queremos agradecer de coração por tudo que o senhor fez nestes 95 anos, sobretudo porque o senhor ajudou a acabar com a ditadura militar no Brasil", disse Stédile. Corintiano, o arcebispo também recebeu homenagens, na ocasião, do coletivo Democracia corintiana.

No Brasil, Dom Paulo Evaristo foi bispo e arcebispo de São Paulo entre os anos 1960 e 1970. Quando assumiu a Arquidiocese de São Paulo, a segunda maior comunidade católica do mundo, em 1970, uma de suas primeiras medidas foi vender o Palácio Pio XII, residência oficial do arcebispo, para financiar terrenos e construir casas na periferia. Em 1972, ele criou a Comissão Brasileira Justiça e Paz, que articulou denúncias contra abusos do regime militar.

Chegou a ser fichado no Departamento de Ordem Política e Social (Dops) em 1979. Em 1985, o cardeal criou a Pastoral da Infância com o apoio da irmã Zilda Arns, que morreu no Haiti, onde realizava trabalhos humanitários, vítima do forte terremoto que destruiu parte do país em 2010. Arns também foi o fundador, ao lado do pastor presbiteriano Jaime Wright, do projeto "Brasil: Nunca Mais", que reuniu documentos oficiais sobre o uso da tortura no Brasil.

Sua história, contada em dois livros lançados pelo jornalista Ricardo de Carvalho, *O cardeal e o repórter* e *O cardeal da resistência*, chegará às telas do cinema com o filme *Coragem: as muitas vidas de Dom Paulo Evaristo Arns*. Dirigido por Carvalho, o documentário – coproduzido pela Globo Filmes e o primeiro a ser feito sobre o arcebispo – retrata sua resistência ao regime militar e está prestes a ser concluído.

Ex-repórter da *Folha de São Paulo*, Carvalho conheceu Dom Paulo em 1976 por conta de sua intensa relação com a imprensa. Relata o diretor: "Ele foi, sem dúvida, a mais importante fonte de informações contra o regime militar. Como jornalista que é, Dom Paulo não errava uma e tudo que dizia ou denunciava vinha com provas, relatos... Foi assim quando o pastor Jaime Wright, ligadíssimo a Dom Paulo, me passou, em 1978, a conta-gotas, a primeira lista de desaparecidos políticos checadas em diferentes fontes".

"Mestre inesquecível" e "Voz destemida"

A morte de Dom Paulo Evaristo Arns despertou, nesta quarta-feira, reações de diferentes personalidades.

O teólogo e acadêmico Leonardo Boff, com quem ele conviveu, afirmou que Arns foi seu "mestre inesquecível". E acrescentou: "Disse um poeta latino-americano 'morrer é fechar os olhos para ver melhor'. É o que ocorreu com o cardeal Arns. Agora vê Deus face a face".

Em nota oficial, o presidente Michel Temer afirmou que "o Brasil perde um defensor da democracia e ganha para sempre mais um personagem que deixa lições para serem lembradas eternamente".

João Doria, prefeito eleito de São Paulo, também falou sobre a perda: "São Paulo e o Brasil perdem um grande ser humano. Dom Paulo nos deu exemplos de tolerância, defesa dos mais humildes, justiça social e amor pelo próximo".

Já o ex-presidente Lula ressaltou a luta do cardeal contra a violência das várias ditaduras militares na América Latina: "Nossa América perdeu a voz destemida que enfrentou ditaduras truculentas e o braço amigo que abrigou centenas de refugiados que eram perseguidos nos países vizinhos".

A senadora Marta Suplicy (PMDB-SP) o definiu como "forte, doce e aguerrido". "Nós, brasileiros, devemos muito à sua coragem, à sua capacidade de enfrentar injustiças e o desrespeito aos direitos humanos".

Dom Paulo Evaristo Arns:
O "Arcebispo da Esperança" se despede[*]

Influente e ousado, líder católico escreveu sua história de coragem

JORNAL O GLOBO

Na tarde de 25 de outubro de 1975, o Destacamento de Operações de Informações – Centro de Operações de Defesa Interna (DOI-Codi) informou que o jornalista Vladimir Herzog, diretor de Jornalismo da TV Cultura de São Paulo, havia se suicidado naquelas instalações do Exército. Eram anos de chumbo, com os militares no poder desde 1964. A censura à imprensa e a truculência contra os que se opunham ao regime atingiram em cheio Vlado, como o jornalista era conhecido, barbaramente torturado e morto. Os militares queriam sua ligação com o Partido Comunista Brasileiro (PCB). Como não entregou amigos,

---

[*] Publicado no Jornal *O Globo*, em 14 de dezembro de 2016, Rio de Janeiro.

foi seviciado até a morte. Uma voz se levantou contra a versão do suicídio: Dom Paulo Evaristo Arns, arcebispo emérito de São Paulo e cardeal da Igreja Católica desde 1973, que morreu nesta quarta-feira aos 95 anos.

Muito antes da morte de Herzog, apenas uma das batalhas que travou contra o regime militar (1964-1985), Dom Paulo já se preocupava com inúmeros cadáveres que vinham sendo jogados em valas na periferia de São Paulo, matança atribuída ao Esquadrão da Morte, mas que a Igreja Católica desconfiava tratar-se do assassinato de jovens da luta contra o arbítrio. E fundou a Comissão de Justiça e Paz, da Diocese de São Paulo, para denunciar os crimes dos militares. Foi na luta contra a ditadura que Dom Paulo começou a escrever sua história de um homem sem medo, o "arcebispo da esperança", como ficou conhecido.

Entre 1979 e 1985, quando tudo o que os militares menos queriam era ver suas mazelas expostas pelo processo de redemocratização, Dom Paulo foi ágil. Instituiu o projeto "Brasil: Nunca Mais", com a ajuda do pastor evangélico Jaime Wright. O grupo conseguiu copiar um milhão de processos que haviam tramitado no Superior Tribunal Militar. Depois de tudo compilado, o "Brasil: Nunca Mais" denunciou toda a perseguição e a violência da ditadura. Os dados foram copiados, microfilmados e enviados para Genebra, onde o pastor Wright tinha relações com o Conselho Mundial de Igrejas. Dom Paulo temia que os documentos fossem apreendidos pelos militares brasileiros e destruídos. Os documentos só voltaram ao Brasil em 2012, já com o país na plenitude democrática, e estão à disposição do público para consulta. Em vez do medo, Dom Paulo preferiu lutar para defender a memória de um período negro.

– Dom Paulo não avisou nem a Conferência dos Bispos do Brasil (CNBB) que estava constituindo o "Brasil: Nunca Mais" – lembra o ex-ministro de Direitos Humanos Paulo Vannuchi, que assessorou Dom Paulo no projeto. – Formou um grupo pequeno de auxiliares, para que não vazasse. Pediu que não falássemos nem em casa. Foram cinco anos de trabalho, de 1979 a 1985. Foi a primeira Comissão da Verdade do país. Até hoje ninguém contesta um único dado do levantamento do "Brasil: Nunca Mais". Dom Paulo foi um marco na luta contra a ditadura.

Quando a agonia da tortura assolava os porões, sobretudo na década de 1970, Dom Paulo peregrinava de quartel em quartel. Usou sua influência para libertar dezenas de presos políticos. No meio de toda aquela incerteza, o líder católico servia de referência para políticos brasileiros, que faziam romaria à Arquidiocese em busca de seus conselhos. Do sindicalista Luiz Inácio Lula da Silva, que na época liderava as greves de metalúrgicos no ABC, ao então sociólogo Fernando Henrique Cardoso, Ulysses Guimarães e Mário Covas, como lembra o jurista Dalmo Dallari, amigo de Dom Paulo que foi o primeiro presidente da Comissão de Justiça e Paz, em 1972.

– Ele não fazia distinção de partido ou motivação política. Assim, circulava em todos os segmentos da sociedade. Como era essencialmente franciscano, atendia a todos com espírito de fraternidade e sempre com muito equilíbrio – recorda Dallari.

Outro amigo do religioso, o jurista Hélio Bicudo diz que o arcebispo recebia Lula com cordialidade, mas tinha relação mais próxima com Fernando Henrique.

– Em 1978, quando Fernando Henrique se lançou candidato ao Senado pela primeira vez, eu também desejava concorrer ao Senado. Dom Paulo me pediu para desistir em favor de Fernando Henrique, e eu desisti – revela Bicudo.

Dom Paulo também apoiou a Teologia da Libertação. Não hesitou em desagradar ao Vaticano conservador ao se posicionar publicamente ao lado de um dos maiores expoentes daquele movimento católico de esquerda-socialista, Leonardo Boff. Por conta disso, especula-se que o arcebispo foi punido pela Igreja, que, em 1989, fragmentou a Arquidiocese de São Paulo em quatro novas dioceses: Osasco, São Miguel Paulista, Santo Amaro e Campo Limpo.

Em outro embate com a cúpula da Igreja, o religioso nascido em Forquilhinha (SC) no dia 14 de setembro de 1921, mostrou-se contrário ao celibato obrigatório em uma entrevista ao GLOBO, em 2002. Mais uma vez, enfrentou a fúria do Vaticano.

Formado em Teologia e Filosofia no Brasil, na década de 1940, e em Letras na França, no início da de 1950, Dom Paulo escreveu 56 livros e recebeu 24 títulos *honoris causa* em universidades do mundo todo. Nos anos 1960, atuou como padre em Petrópolis (RJ). Ele se tornou bispo em 2 de maio de 1966, aos 44 anos, e foi nomeado arcebispo pelo Papa Paulo VI em 22 de outubro de 1970. Exerceu o cargo até 1998, quando completou 75 anos. Foi substituído pelo arcebispo Dom Cláudio Hummes e virou arcebispo-emérito de São Paulo. Era o mais antigo de todos os membros do Colégio Cardinalício. Como cardeal eleitor, participou de dois conclaves, os de agosto e de outubro de 1978, que escolheram os Papas João Paulo I e João Paulo II, a quem recepcionou em São Paulo em 1980.

Dom Paulo Evaristo Arns: Símbolo da luta contra a Ditadura*

A REDAÇÃO DE CARTACAPITAL

O estado de saúde do cardeal se agravou na segunda-feira 12. O arcebispo emérito foi internado no Hospital Santa Catarina em 28 de novembro, com um quadro de broncopneumonia. A assessoria do hospital informa que Dom Paulo morreu às 11h45, em decorrência de falência múltipla dos órgãos.

De formação e hábitos franciscanos, Dom Paulo é um missionário que dedicou sua vida à defesa dos pobres e à justiça social. A denúncia da tortura e da perseguição política durante a ditadura está diretamente relacionada à sua pregação religiosa

Em 1966, Dom Paulo tornou-se bispo em um momento de renovação na Igreja Católica. Quatro anos antes, o então Papa João XXIII deu início ao Concílio Vaticano II, que buscava redefinir o papel da religião na sociedade, com foco em uma nova

---

* A reportagem foi publicada por *CartaCapital*, em 14/12/2016.

orientação pastoral voltada para a resolução dos problemas sociais e econômicos. No Brasil, a cartilha ganhou força após a Segunda Conferência Geral do Episcopado Latino-Americano, realizada em 1968 em Medellín, na Colômbia.

As reuniões foram fundamentais para o desenvolvimento da Teologia da Libertação, preocupada prioritariamente com a promoção da justiça social, e para a consolidação das Comunidades Eclesiais de Base, que buscavam substituir a supremacia das paróquias na organização da vida religiosa pela valorização de comunidades menores, com a presença tanto de integrantes da Igreja quanto de leigos. Atento à renovação, Dom Paulo abraçou a nova doutrina e o modelo descentralizado de comunidades.

Dom Paulo tornou-se arcebispo de São Paulo em um momento crucial. Em 1969, um grupo de dominicanos foi preso pelo delegado Sérgio Fleury, do Departamento de Ordem Política e Social, sob acusação de manter laços com a Ação Libertadora Nacional, organização de luta armada comandada por Carlos Marighella.

Uma das lideranças dominicanas, Frei Tito foi brutalmente torturado. À época, Dom Agnelo Rossi, então arcebispo paulista, preferiu não interceder em favor dos presos. A repercussão dos relatos de Tito publicados na Europa levou o então Papa Paulo VI a substituir Rossi por Dom Paulo no comando da Arquidiocese.

Pouco após assumir o cargo, Dom Paulo não se omitiu ao tomar conhecimento da prisão do padre Giulio Vicini e da assistente social leiga Yara Spaldini pelo Departamento de Ordem Política e Social em 1971. O sacerdote foi pessoalmente ao Deops e testemunhou as agressões físicas sofridas por seus colaboradores.

No ano seguinte, por iniciativa de Dom Paulo, a Assembleia da CNBB publicou o Documento de Brodósqui, um relatório que denunciava as prisões arbitrárias, a tortura e o desaparecimento de perseguidos políticos após a aprovação do Ato Institucional n. 5.

A partir de 1973, o arcebispo passou a celebrar missas com forte conteúdo político. O assassinato pelos militares do líder estudantil Alexandre Vannucchi Leme, da ALN, foi respondido com uma missa-protesto na Catedral da Sé para contestar a versão oficial apresentada pela ditadura para sua morte, segundo a qual o estudante teria sido vítima de um atropelamento.

Em 1975, o arcebispo organizou um ato inter-religioso em homenagem a Vladimir Herzog, torturado e assassinado pelos militares. A cerimônia serviu também para manifestar repúdio à versão de que o jornalista teria cometido suicídio.

Além da resistência aos militares, Dom Paulo foi fundamental para a consolidação das Comunidades Eclesiais de Base, que buscavam substituir a supremacia das paróquias na organização da vida religiosa pela valorização de comunidades menores, com a presença tanto de integrantes da Igreja quanto de leigos.

Segundo Leonardo Boff, expoente da Teologia da Libertação, Dom Paulo não enxergava as comunidades como uma simples frente de pastoral ou um prolongamento da paróquia em meios pobres. O objetivo era valorizar tanto as bases sociais como a participação dos leigos. "Dom Paulo animava-os a decidirem os caminhos da Igreja e aceitava suas sugestões."

Para reforçar o aspecto pedagógico das comunidades, lembra Boff, o arcebispo convidou o pedagogo Paulo Freire para acompanhar as atividades na periferia. "Além de sua dimensão especificamente religiosa, as comunidades de base eram centros de conscientização, de resistência contra a ditadura e de construção da cidadania", afirma. A articulação das comunidades é, por sinal, um dos pontos de partida para a fundação do Partido dos Trabalhadores em 1980.

Boff tem muito a agradecer a Dom Paulo. O cardeal foi professor do teólogo em Petrópolis e o ajudou a ingressar na Universidade de Munique. Em 1982, Boff foi alvo de um processo doutrinário na Congregação para a Doutrina da Fé, antiga Inquisição, por conta da publicação de seu livro *Igreja: carisma e poder*, crítico às instituições católicas tradicionais. O interrogatório foi conduzido pelo então cardeal Joseph Ratzinger, que mais tarde se tornaria o Papa Bento XVI.

Dom Paulo acompanhou Boff a Roma para defendê-lo no processo. "Ao lado do cardeal Aloysio Lorscheider, ele argumentou a Ratzinger: 'Damos nosso testemunho de pastores de que se trata de uma teologia edificante e boa para a Igreja'", lembra o ex-aluno do arcebispo emérito.

Dom Paulo convidou ainda o cardeal a "visitar as comunidades eclesiais no Brasil e rezar com o povo". Em seguida, negociou que Boff e seu irmão apresentassem um documento à congregação para ressaltar a importância da Teologia da Libertação.

Após o fim da ditadura, Dom Paulo seguiu no comando da Arquidiocese paulista até 1998, quando renunciou por limite de idade e tornou-se arcebispo emérito. Nos últimos anos, seu estado de saúde piorou, mas não o suficiente para impedi-lo de comparecer a homenagens. Em julho, uma missa na catedral da

Sé celebrou os 50 anos de sua ordenação episcopal. Em outubro, comemorou-se os 95 anos do arcebispo emérito em evento no Teatro da Universidade Católica (Tuca), na PUC-SP.

Ao lembrarem a enorme contribuição do franciscano em seus anos à frente da Arquidiocese, os convidados presentes ao Tuca usaram o espaço para criticar as medidas impopulares defendidas pelo governo de Michel Temer.

Com dificuldades de se expressar por conta da idade avançada, Dom Paulo esforçou-se para homenagear Santo Dias, ativista sindical assassinado no fim da ditadura, e fez questão de usar o boné do MST entregue pelos militantes presentes ao Tuca. Um de seus principais aliados no período como arcebispo da capital paulista, o bispo Dom Angélico Sândalo Bernardino afirmou que a resistência de Dom Paulo à ditadura é uma inspiração para o atual momento.

"Ele é descendente de alemão, mas o rosto dele é da periferia de São Paulo. Quando imagino Dom Paulo, eu o imagino com o cheiro do povo, misturado com os bispos, padres, religiosos, leigos e leigas, anunciando a urgência de resistirmos contra toda mentira. Naquele tempo, a luta era contra a ditadura civil-militar, mas a resistência a que ele nos convida deve ser permanente no Brasil atual também."

Dom Paulo Evaristo Arns, um tipo inesquecível[*]

Clóvis Rossi[**]

Desde moleque, imaginava um dia escrever um texto com esse título. Cumpro hoje esse sonho, ao escrever sobre Dom Paulo Evaristo Arns, o único personagem público realmente inesquecível, das centenas que conheci em mais de meio século de jornalismo.

Acompanhei-o, à meia distância, nos diferentes momentos de sua luta contra a ditadura, mas tornei-me fã incondicional quando me pus a trabalhar sob o guarda-chuva da Arquidiocese

---

[*] O depoimento publicado por portal Uol, em 14.12.2016.

[**] *Clóvis Rossi* é jornalista com mais de 50 anos de carreira, trabalhou em três dos quatro grandes jornais do país: o *O Estado de São Paulo*, a *Folha de São Paulo* e o *Jornal do Brasil*. Foi editor-chefe do Estado de São Paulo, participou de incontáveis coberturas internacionais tanto por *O Estado de São Paulo* como pela *Folha*, pela qual foi correspondente em Buenos Aires e Madri. Atualmente (2017), é colunista da citada Folha.

de São Paulo na defesa dos perseguidos políticos do Cone Sul (uruguaios, argentinos, chilenos, paraguaios, bolivianos).

Toda essa sub-região caíra, em diferentes momentos, sob regimes ditatoriais e suas igrejas não eram particularmente atuantes do ponto de vista da defesa dos direitos humanos, exceto alguns setores da Igreja chilena.

Dom Paulo e o reverendo Jaime Wright (morto em 1999) foram os principais inspiradores do Clamor (Comitê dos Direitos Humanos para os países do Cone Sul). O grupo editava um boletim com o mesmo nome, sob a chefia da jornalista britânica Jan Rocha, correspondente da BBC no Brasil e incansável ativista dos direitos humanos.

A orientação passada ao grupo (Dom Paulo não dava ordens, preferia ensinar) era a de que não déssemos importância à origem político-ideológica de cada um que procurasse a Arquidiocese.

Não havia entre eles "subversivos", o rótulo aplicado pelas ditaduras a todos os dissidentes, mas apenas seres humanos perseguidos.

A Arquidiocese tornou-se uma espécie de pátio dos milagres, pela quantidade de deserdados políticos que abrigou, como primeiro porto de arribação na fuga das ditaduras.

Nessa condição, desfilaram por ela as histórias terríveis que só podem contar aqueles que são arrancados subitamente de suas casas, de suas famílias, de seus países, pelo único crime de pensarem de forma diferente dos donos de turno do poder.

Era o pulmão que Dom Paulo e o reverendo Wright criaram para permitir alguma respiração fora do ar tóxico das ditaduras.

Uma história em particular me tocou. Graças ao trabalho da Arquidiocese e a persistência da avó, foram localizadas no Chile, mais exatamente em Valparaiso, duas crianças uruguaias cujos pais haviam sido assassinados pela ditadura.

Não se sabe como, o casalzinho foi parar em Valparaiso e acabou adotado por um casal de dentistas, que não tinha a mais remota ideia da origem das crianças.

Preparei uma reportagem contando a história para a revista "IstoÉ", onde trabalhava então, mas, na hora do fechamento, Dom Paulo ligou para pedir que suspendêssemos a divulgação, a pedido do cardeal Raúl Silva Henríquez.

Como o prelado chileno não explicara a razão do pedido, Dom Paulo sugeriu que eu fosse ao Chile para saber exatamente o que estava acontecendo.

Estamos falando de um tempo sem internet, sem canais de TV com notícias 24 horas, sem a facilidade de comunicação telefônica de hoje – e, pior, em tempos de ditadura nos dois países.

Fui a Valparaiso, conversei com os pais adotivos e com as duas crianças e entendi o motivo do pedido: os pais temiam, com razão, que as crianças, já adaptadas à nova situação, sofressem com uma segunda perda dos pais, se devolvidas à avó, como esta solicitava.

Voltei e a Arquidiocese de São Paulo lançou uma negociação com a avó, os pais adotivos e as crianças, que terminou com uma solução satisfatória para todos: as crianças ficariam com os novos pais, mas a avó teria o direito de vê-las quando pudesse e a recebê-las para passar as férias.

Este é apenas um dos muitos casos em que a sensatez e o coração de Dom Paulo praticaram o melhor dos ensinamentos cristão. Definitivamente, um tipo inesquecível.

Imagens de um cardeal do povo

Foto 31: Com Paulo Freire

Foto 32: Recebendo o Presidente Carter

Foto 33: Com Dom Helder Câmara

Foto 34: Dom Paulo no lançamento da coleção "Teologia da Libertação", em 1989, junto com Lula e Frei Betto

Foto 35: Com Ulisses Guimarães

Foto 36: Manifestação popular – Catedral da Sé

Foto 37: Com Lula

Foto 38

Foto 39: Com autoridades militares

Foto 40: Em reflexão

Foto 41: Em ato oficial como cardeal

Foto 42: Em velório de vítima da repressão

Foto 43: No lançamento da Coleção "Teologia da Libertação"

Foto 44: Com juristas de "Brasil Nunca Mais"

Foto 45: Como bispo emérito

Foto 46

IV

Dom Paulo, uma figura gigantesca

(Notas biográficas)

Dom Paulo Evaristo, cardeal Arns, meu irmão

OTÍLIA ARNS*

Dom Paulo Evaristo, cardeal Arns, foi o quinto filho de Gabriel Arns e Helena Steiner. Nasceu na segunda casa construída pelo pai Gabriel, no outro lado do rio Mãe Luzia, no dia 14 de setembro de 1921, em Forquilhinha, Santa Catarina. Não havia ainda pontes, na época, para ligar as duas margens do rio Mãe Luzia, quando o pai Gabriel convidou a tia Verônica, irmã mais velha do pai, e seu marido, tio Rodolfo Michels, para padrinhos do recém-nascido menino, robusto e sadio. Tia Verônica pegou o menino e, com o marido, seguiram para a canoa encostada à beira do rio Mãe Luzia e atravessaram as correntes do rio até a outra margem, onde se localizava a Igreja do Sagrado Coração de Jesus. Lá estava o Padre Miguel Giacca, vigário da Paróquia São

---

* *Otília Arns*, irmã de Dom Paulo, tinha 93 anos na ocasião da morte do irmão cardeal.

Carlos de Nova Veneza, a que a igreja de Forquilhinha pertencia. Os tios entraram com o menino na igreja e apresentaram-no ao padre na pia batismal. O Padre Miguel Giacca perguntou: "Qual é o nome do menino?". "Paulo" foi a resposta uníssona. O Padre Giacca pegou a água benta, derramou-a sobre a testa do menino e disse: "Paulo, eu te batizo em nome do Pai e do Filho e do Espírito Santo". Estava, assim, batizado o pequeno menino Paulo nos braços de sua madrinha Verônica e testemunhado pelo padrinho Rodolfo. Contentes, devolveram o pequeno Paulo aos pais e irmãos.

Em 1922, o pai Gabriel comprou a venda de Frederico Oterding, no centro de Forquilhinha, o qual mudou para Braço do Norte, SC. Aí, com um ano de idade, o pequeno Paulo e sua família transferiram-se para a casa rústica da venda. Lá nasceram as três irmãzinhas do Paulo: 1923, a Otília; 1924, a Laura; e, em 1926, a Hilda. A mãe Helena se virava naquela pequena casa, apertada, com agora sete filhos. De outro lado, o pai Gabriel desabrochou, na época, como empresário. Construiu uma fábrica de banha, onde engajou 20 a 30 operários no inverno; época da safra e matança de suínos.

Em 1927, o Paulo, agora com seis anos de idade, transferiu-se com a família, para o sobrado construído pelo pai Gabriel, perto do rio Mãe Luzia. Foi com seis anos, também, que o Paulo entrou na escola bilíngue do tio Jacob, irmão do pai Gabriel, e do tio Adolfo Back, casado com tia Adélia, irmã do pai Gabriel.

O professor Jacob era muito severo. Um dia entrou na sala de aula com uma longa vara. O Paulo, de seis anos, que estava sentado na primeira carteira, viu o professor chegar com a vara, olhou para a janela aberta e, "perna pra que te quero", pulou em cima da carteira em frente à janela e pulou para fora, correu barranco baixo, para a saia da mãe Helena, que amassava o pão de milho para a família, e disse: "Mãe, não volto mais para a sala da vara!". E a mãe disse: "Paulo, eu tenho bastante serviço para você". E deu-lhe uma fatia de pão de milho com um ovo estralado em cima para acalmar os ânimos do menino Paulo. Mais tarde, voltou para a escola.

Na verdade, a preocupação da mãe Helena com os filhos era constante por causa dos barrancos do rio Mãe Luzia. Às vezes, subia suas águas em época de chuva e se tornavam perigosas com seus redemoinhos e encobria as margens das ladeiras, onde ela, às vezes, lavava a roupa. Isso aconteceu um dia e a mãe Helena pegou a cesta com roupa e foi lavá-la no arroio perto da casa do tio Jacob. As crianças viram que a mãe Helena se afastou e aproveitaram para descer o barranco até o pé do ingazeiro, agora cheio de ingás maduros, atração das crianças. O Paulo subiu na árvore com os galhos por cima dos redemoinhos do rio Mãe Luzia, apanhava os ingás e os jogava nos aventaizinhos das meninas, até enchê-los. Desceu e ajudou as irmãzinhas a subirem o barranco liso.

A mãe Helena, de repente, sentiu que algo estava acontecendo com as crianças. Largou cesta, roupa e tudo e correu para a casa. O Paulo, como último da tropinha, chegou na terra firme e se defrontou com quem? Literalmente com a mãe Helena que, agora, sabia que sua preocupação era realidade e o traseirinho do Paulo recebeu umas boas palmadas com a promessa de nunca mais repetir a cena. Os ingás, depois do ocorrido, não tinham mais gosto, nem para as meninas que sentiram as palmadas recebidas pelo Paulo como se a elas fossem dadas. Nunca mais desceram para apanhar ingás no pé, no barranco.

O Paulo gostava de andar a cavalo desde criança. Um dia o pai Gabriel pediu que ele pegasse o "Moro", cavalo preto, grande, alto e brilhante, lindo, porque ele tinha duas tarefas no dia para seu filho. Paulo montou no "Moro" e cavalgou até as casas do Neco Machado e Antônio Thomás para chamar os operários para a tarefa de abrirem uma valeta na parte mais úmida do pasto para drenar a terra. Foi a primeira tarefa cumprida. A segunda era levar a correspondência comercial para a estação da Estrada de Ferro Dona Thereza Christina em Sangão, a sete quilômetros de Forquilhinha, onde o tio Alfredo Steiner, sobrinho da mãe Helena, com a esposa, tia Delfina, irmã do pai Gabriel, cuidavam da serraria e da "tafona" que moía os grãos, como o milho. Aí o Paulo pediu dois saquinhos de farinha de milho, colocou-os, um em cada lado, no lombo do cavalo e levou-os para a mãe Helena fazer o pão de milho para a família. Foi a segunda tarefa cumprida.

O Paulo sempre cumpria suas tarefas com toda perfeição e o pai Gabriel tinha esperança que seguraria o Paulo em Forquilhinha para continuar suas obras comerciais e industriais. Mas, aos dez anos, o Paulo pediu ao pai Gabriel para ser padre. O pai Gabriel, um pouco apreensivo, disse ao Paulo: "Espere mais um pouco!". O Paulo continuou a ajudar o pai Gabriel em tudo que necessário, principalmente no comércio, como ajudante do tio Leonardo Steiner no balcão, atendendo à comunidade com cordialidade e eficácia.

Dois anos depois, aos doze anos, voltou ao pai Gabriel repetindo seu pedido de ser padre. O pai Gabriel lhe disse: "Se esta for tua vocação, seja padre!". O Paulo agradeceu a resposta do pai Gabriel e transmitiu sua satisfação à mãe Helena, que se alegrou com o filho. A mãe Helena agora se preocupava para preparar as roupas e arrumar a mala do futuro seminarista. Foi o frei Crisóstomo Adams, OFM, que convenceu o pai Gabriel para atender a vocação do jovem Paulo. No dia 20 de janeiro de 1934, dia de São Sebastião, partia o Paulo e seu primo Eurico Back, filho do tio Adolfo Back e da tia Adélia Arns, conduzidos pelo professor Jacob Arns, para o Seminário São Luís de Tolosa, em Rio Negro, Paraná. Diz o Paulo: "Foi o grande dia de minha vida!".

Os meninos foram recebidos cordialmente pelos Padres Franciscanos do seminário. Para o Paulo era uma vitória, como ganhar uma partida de futebol. O Paulo logo se entrosou com os estudantes do seminário e fez boa amizade.

Antes de iniciar seus estudos, ele foi examinado para saber em que série deveria entrar. Como tinha estudado na boa escola bilíngue em Forquilhinha-SC, por dois anos a mais, ele foi colocado diretamente na sexta série. Sua preferência era o estudo de línguas como latim, grego, português, alemão e francês. O inglês na época era considerado a língua do comércio. De fato, as línguas o ajudaram, mais tarde, nos estudos de Filosofia, Teologia, Patrologia e nos altos estudos na Sorbonne de Paris, onde fez o doutorado.

Depois de cinco anos e meio de estudos no seminário, voltou para casa para assistir às primícias de seu irmão, agora frei João Crisóstomo. Foi a grande festa de Forquilhinha. Nessa ocasião conheceu suas duas últimas irmãzinhas nascidas na sua ausência: 1934, agosto: a Zilda, e no dia 27 de janeiro de 1938, a caçula Zélia, que completaram a grande família de Gabriel e Helena, com catorze filhos, todos sadios e fortes.

Nessas férias, o Paulo visitou ainda as famílias dos tios e parentes e aproveitou banhos de mar em Arroio do Silva com os pais e os irmãos. Depois voltou para o seminário, pois tinha que enfrentar ainda o noviciado em Rodeio. As rezas noturnas, à alta hora da noite, afetaram um pouco a sua saúde, mas conseguiu se recuperar para enfrentar os estudos de Filosofia em Curitiba e de Teologia em Petrópolis.

Em Rodeio recebeu o hábito franciscano e foi chamado então de frei Evaristo. Em Rodeio, frei Evaristo recebeu uma carta de seu irmão mais velho, frei João Crisóstomo, dizendo que "aproveitasse seus conhecimentos de latim e grego para estudar a era dos padres da Igreja". Foi então que frei Evaristo começou seus estudos sobre cartas de São Jerônimo que se prolongaram até seu doutoramento na Universidade de Paris – Sorbonne.

Em 30 de novembro de 1945, frei Evaristo foi ordenado sacerdote. Depois foi a Forquilhinha para celebrar suas primícias na Igreja do Sagrado Coração de Jesus com a família e a comunidade. A primeira missa teve um atraso até o dia 23 de dezembro a pedido do pai Gabriel, porque sua filha, Otília, tinha seus exames em Curitiba e não podia marcar presença.

Durante suas férias junto à família, frei Evaristo recebeu um telegrama do padre provincial, frei Ludovico Gomes de Castro, para substituir o professor de Português em Rio Negro, onde passou o ano de 1946. Voltou para Petrópolis e na viagem recebeu a proposta de estudar na Universidade de Oxford, Inglaterra, ou na Universidade de Paris – Sorbonne. Ele preferiu Paris, a universidade mais célebre da Europa, onde estudou durante cinco anos.

Em outubro de 1947, frei Evaristo partiu num avião quadrimotor que levou trinta e nove horas do Rio de Janeiro até Paris. Para entrar na Universidade de Paris – Sorbonne, frei Evaristo teve que enfrentar um exame de seleção rigoroso junto com dois mil estudantes vindos de diversos países do mundo. Passou e inscreveu-se como doutorando. Não foi fácil naquela época de pós-guerra, quando faltava comida para o povo. A família de frei Evaristo mandou, durante certo tempo, alimentos enlatados para o estudante da Sorbonne que cursou os "Hautes Études" (Altos Estudos), em Paris.

Em 3 de maio de 1952, defendeu sua tese de doutorado *La technique du livre d'après Saint Jérome*, aprovada com a distinção maior, *très honorable*, que lhe deu o título de doutor.

Terminados os estudos, assistiu ao Congresso Eucarístico Internacional na Espanha em 30 de janeiro de 1952. Depois embarcou no navio Ahudes, via Lisboa, rumo ao Brasil.

No Rio de Janeiro foi recebido por seus irmãos: frei João Crisóstomo, Felipe, Ida e Otília. Quando pisou no chão brasileiro, exclamou: "Só existe um Brasil! É nosso Brasil!".

Foi, então, transferido como prefeito dos alunos do Seminário Franciscano em Agudos. Depois assumiu o cargo de "Mestre dos Clérigos" em Petrópolis. Aos quarenta anos foi eleito vice-provincial, sendo provincial frei Walter Kempf.

Como jovem padre e professor, trabalhou nas favelas de Petrópolis, onde sentiu "que as famílias pobres precisavam de estímulo para reconhecer que a escola abrisse portas para o desenvolvimento e a cultura".

Mas o Papa Paulo VI queria ver frei Evaristo nas fileiras de bispos do Brasil e nomeou-o como bispo de São Paulo em 1966. Frei Evaristo convidou a mãe Helena para um retiro na chácara do lar Santa Helena, para rezar. A sagração de bispo se realizou em Forquilhinha para júbilo do povo, no dia três de julho de 1966, pelo cardeal Dom Agnelo Rossi de São Paulo, quando passou a chamar-se Dom Paulo Evaristo Arns. Tomou posse na igreja de Santana em São Paulo no dia 24 de julho de 1966, e, em 1970, o Papa Paulo VI nomeou-o arcebispo de São Paulo, para a maior Arquidiocese do mundo com seus mais de 8 milhões de fiéis, na época, em plena ditadura militar.

Dom Paulo Evaristo amava o povo, especialmente o povo de São Paulo, como pastor e amigo, bem como os padres e bispos de sua Arquidiocese.

Em 1973, no dia 5 de março, Dom Paulo Evaristo foi investido em Roma, pelo Papa Paulo VI, como cardeal. Chamou-se então Dom Paulo Evaristo Cardeal Arns.

Aos 75 anos, Dom Paulo Evaristo Cardeal Arns pediu sua aposentadoria, o que conseguiu dois anos depois. Aproveitou o tempo para escrever suas memórias e publicou o livro *Da Esperança à Utopia: testemunho de uma vida*, em 2001, pela editora Sextante, Rio de Janeiro, com 479 páginas.

As férias, Dom Paulo Evaristo sempre, exceto durante os cinco anos em Paris, passava em casa com os pais e irmãos, na chácara do lar Santa Helena. Aos domingos recebia a visita dos irmãos:

- Frei João Crisóstomo vinha de Rondinha com a Irmã Marinês;

- Oswaldo vinha com a esposa Zita e os filhos: Marilena, Luiz, Flávio, Célia, Regina, Fernando e Sônia;

- Felipe vinha com a esposa Alice e os filhos: Helena Beatriz, Mônica, com o filho Luiz Felipe, e Elza, com a filha Gabriela, filha do Fábio Rogério, já falecido;

- O Maki com a esposa Maurícia de Forquilhinha e os filhos: Lenita, Heriberto, Marly, Mírian, Margarete, Frideberto, Adalberto, Lílian, Eduardo e Gabriel (falecido);

- Ida, de Curitiba;

- Bertoldo e a esposa Lia, de Criciúma com as filhas: Liane, Mariane, Rosane e Rosemary;

- Zilda e o marido Aloysio com os filhos: Rubens, Nelson, Rogério, Heloísa e Sílvia;

- Zélia e o marido Aroldo com os filhos: Paulo, Clóvis, Clarice e Sérgio;

- Otília com os filhos, noras, genros: Paulo de Tarso, João Ari, Pedro de Alcântara, José Roberto, Maria Margarete, Sheila Helena, e os netos: Anelise, Thays, Matheus, Felipe, Thiago, Augusto Roberto, Maria Helena, André, Helena, José Max, Sabrina, Luiz Augusto e Luiza;

- as Irmãs Escolares de Nossa Senhora vinham do Sul: Irmã Gabriela, Irmã Helena, Irmã Hilda, irmãs legítimas de Dom Paulo, Irmã Maria Anita, irmã adotiva. Vinham também as

Irmãs Franciscanas da Ação Pastoral, Devani e Terezinha, que acompanharam Dom Paulo por muitos anos em seu percurso de vida;

- Vinham também, os tios, primos e amigos.

De manhã, Dom Paulo Evaristo rezava a missa na sala do lar Santa Helena para a família e amigos, com cantos, às vezes a quatro vozes, e o órgão tocado por frei João Crisóstomo, ou pelo amigo e neto de Curitiba, André Francisco.

Depois da Santa missa tomavam um café e conversavam entre amigos. Ao meio dia, a mãe Helena convidava para um gostoso almoço com o delicioso "Gemüse", herança de Forquilhinha. Depois do almoço, uma soneca para os mais velhos, incluindo Dom Paulo, e as crianças se divertiam com suas brincadeiras na área coberta e os jovens competiam no jogo de voleibol.

Os passeios se estendiam até o eucaliptal e aí todos se sentavam à beira do lago, onde apareceu a cena mais bela do dia: é que a mãe Helena sumiu do grupo e ninguém esperava. Lá apareceu a canoa no lago com a mãe Helena de pé remando com velocidade. Foi aplaudida por todos os presentes, sendo a grande surpresa do dia. A mãe Helena, com seus 70 anos de idade, como canoeira da chácara do lar Santa Helena! Que bonito! À tarde, todos subiram e os de longe se despediram, satisfeitos, e voltaram aos seus lares.

Depois das férias, Dom Paulo Evaristo voltou para seu convento, mas, apesar de aposentado, continuou com seus programas radiofônicos: "Meditação com Dom Paulo", pela reconquistada Rádio Nove de Julho, que o Presidente Fernando Henrique Cardoso lhe devolveu com toda justiça.

No dia 14 de dezembro de 2016, com seus 95 anos e 3 meses completos de idade, Deus chamou Dom Paulo Evaristo para a eternidade. Foi velado na Catedral da Sé, em São Paulo, por mais de 48 horas. O arcebispo metropolitano de São Paulo, Dom Odilo Pedro Cardeal Scherer, seu sucessor, rezou a missa de corpo presente diante do povo e amigos, incluindo os três irmãos de sangue: Felipe, Zélia e Otília, que se despediram de seu irmão antes de fecharem o caixão, que foi levado com o falecido Dom Paulo para a cripta localizada no subsolo da mesma catedral para seu descanso eterno.

Dom Paulo Evaristo Cardeal Arns deixou muitas saudades para os familiares, amigos e o povo, pelas suas obras em prol da humanidade, grande rebanho de Deus.

Que descanse em paz e abençoe os fiéis e todos nós lá do céu!

O que posso falar de Dom Paulo que ainda não tenha sido falado?

MARIA ÂNGELA BORSOI*

Foi esta a dúvida que me ocorreu ao receber o convite para elaborar mais este depoimento sobre Dom Paulo. Após uns dias de oração e mergulho em memórias, ficou claro que foi crescendo em mim o desejo de escrever algo sobre o que o "sentir família" representou na vida dele, ou, em outras palavras, a força com que este conceito o moveu e sustentou no dia a dia, apesar de minha certeza de que, com esta escolha, não estou trazendo nada de inédito para muitos de seus leitores ou fiéis seguidores. Entretanto, na função que exerci, foi-me dado participar em grande parte dos agradáveis bate-papos em torno da mesa da cozinha, quando o ouvíamos discorrer sobre suas origens e memórias familiares, bem como estar ao seu serviço nos ditados, entrevistas e coletivas

---

* *Maria Ângela Borsoi* foi secretária de Dom Paulo de 1967 a 2007.

de imprensa em que lhe era oferecida oportunidade de voltar a esse tema.

Antes de mais nada, para quem porventura ainda não saiba, devo deixar claro que na minha condição de leiga e voluntária sempre exerci a função em regime de meio período/seis dias por semana, ou seja, nunca morei, nem temporariamente, em nenhuma das cinco residências episcopais em que com ele trabalhei. Apesar disso, penso estar em plenas condições de dar meu testemunho sobre várias das razões que consolidaram em mim a certeza de poder afirmar, com emoção, ter feito parte da família paulistana de Dom Paulo, graça pela qual não canso de agradecer a Deus.

Um pouco de história

Conheci Dom Paulo e comecei a ajudá-lo em datilografia ainda em Santana, quando era bispo auxiliar do cardeal Dom Agnelo Rossi. O ano era 1967, e em poucos meses de vida nova em São Paulo o primeiro bispo da Zona Norte já ocupava seu segundo endereço residencial, no apartamento que as Irmãs de São José de Chambèry lhe organizaram num pequeno edifício que possuíam ao lado do Colégio Santana. A primeira morada havia sido um minúsculo quarto na edícula do fundo do quintal da casa paroquial dos padres saletinos da igreja matriz, onde um ladrão arrombou certo dia a janela, levando o radinho de pilha e o anel episcopal que fora presente de ordenação da própria mãe.

Logo nas primeiras visitas para buscar e levar trabalho que fiz a Dom Paulo já alojado no segundo endereço, fui conhecendo um pouco da senhora caseira que as Irmãs haviam contratado em

Itu para os serviços domésticos. Ela atendia a porta, cozinhava para ele, para um seu neto adolescente que trouxe junto a fim de lhe fazer companhia, e completava os serviços com a limpeza, compras e cuidado das roupas. Naquele tempo, conseguir adquirir linha telefônica em São Paulo não era fácil, nem mesmo para a administração da Arquidiocese. Assim, não havia telefone para o bispo, e Dom Paulo precisava se contentar com recados recebidos de uma vizinha, das Irmãs do Colégio ou dos padres da matriz. Portanto, ao menos dessa tarefa – atender telefone – a caseira foi poupada. A fase nova desse segundo endereço de morador único foi fazendo crescer nele a convicção de que o isolamento em que se sentia, não tendo com quem conversar após o jantar, por exemplo, no momento de ver os telejornais do dia, teria que receber logo um ponto final. Não podia contar nem mesmo com o neto da caseira, pois o jovem saía todas as noites para cursar colegial no bairro. Minha primeira percepção deste problema foi sendo possível graças às confidências da amiga que me conduzira à Equipe, a assistente social de saudosa memória Genoefa Frederico, vizinha de Dom Paulo, a quem ele costumava pedir conselhos práticos e todo tipo de ajuda.

Pouco a pouco, com a aceitação dos trabalhinhos que eu datilografava em minha casa e lá comparecia para a entrega, Dom Paulo, aparentemente satisfeito com o resultado, foi me conhecendo melhor e gradativamente diversificando as solicitações. Por exemplo, para meu espanto, convenceu-me muito cedo a aceitar o cuidado de redigir o Livro da Crônica da Região – eu, jovem inexperiente, não sabia nem entendia que estava diante de um grande historiador!... – e de arrumar os papéis de sua mesa, iniciando um primeiro esboço de arquivo pessoal. Tudo era novidade para mim, num terreno para o qual não me sentia preparada. Creio mesmo que minha insegurança só não me fez desistir graças à surpreendente confiança que Dom Paulo ia revelando não só em relação à minha assustada pessoa, mas igualmente no que eu podia sentir em cada um e cada uma dos colegas da Equipe missionária, principalmente na amiga Genoefa, a quem sempre considerei uma espécie de segunda mãe: todos juntos aprendíamos com ele, sem medo, a olhar para frente com muita coragem – sua marca registrada que despontava! – e acabávamos como que estonteados por tanto dinamismo e confiança de nosso bispo, correndo atrás dele nos trabalhos missionários com a cara e a coragem...

É aqui que se insere minha lembrança mais remota: já nas primeiras reuniões da Equipe, Dom Paulo externava intenções de providenciar sem demora uma espécie de estrutura familiar mínima em sua moradia, esclarecendo que com as pessoas admitidas para ajudá-lo ele pretendia partilhar tudo, particularmente a Liturgia diária, as refeições e o lazer. Deixava muito clara sua pressa na necessidade de poder sem mais delongas se sentir em família, quando estivesse em casa.

E foi nesse período que a caseira contratada – que Dom Paulo desde o início apelidou de "Vovó" –, proveniente do interior, com problemas familiares a resolver por lá, teve de se demitir. Dom Paulo e duas assistentes sociais que o assessoravam na pastoral regional consideraram providencial que ela fosse embora. Não estava dando certo. Nosso bispo andava insatisfeito não só com o isolamento já descrito do retorno diário ao lar, mas igualmente mostrava preocupação com as altas despesas que aquela senhora apresentava após as idas à padaria, ao açougue ou à feira. Afinal, a administração arquidiocesana daquele tempo colocava a cada mês uma modesta ajuda de custo à disposição do bispo, com a qual ele pessoalmente deveria cuidar da própria subsistência e da de quem o servia, e Dom Paulo via com aflição a pequena verba se esgotar bem antes do trigésimo dia...

Nesse tempo estava sendo concluída a reforma do sobradinho usado, adquirido pela Mitra Arquidiocesana à Rua Amaral Gama, mais central no bairro-sede da Região Episcopal e principalmente mais próximo da igreja-matriz, onde Dom Paulo celebrava no dia a dia. Nele o novo bispo esboçaria os primeiros serviços de atendimento aos párocos que o procuravam. Conseguiu instalar, na antessala do térreo, uma pequena secretaria, ensaio singelo do que anos mais tarde evoluiria para um centro pastoral e/ou cúria regional. Seu sonho de viver em família, afinal, começaria a dar certo após a mudança! Moradores dessa nova casa seriam, além do bispo: seu padre secretário e motorista – o saletino Clorálio Caimi – e a religiosa franciscana da Ação Pastoral, Irmã Adélia Cotta, para os cuidados domésticos.

Nos poucos dias do intervalo, entre a saída de Dom Paulo do apartamento do Alto de Santana para o sobrado reformado, ocorreu a Semana Santa daquele ano, ocasião em que Dona Helena, sua mãe, acompanhada de duas de suas filhas de Curitiba com um neto de seis anos resolveram vir a São Paulo para passar o Tríduo Sacro junto ao bispo, que era, ao mesmo tempo, filho, irmão e tio da família. O problema estava no fato de que o anúncio da visita chegou em cima da hora, e a religiosa Irmã Adélia e Padre Caimi somente iriam chegar para assumir seus postos logo após a Páscoa. Lembro-me bem dos apuros de Dom Paulo e da Genoefa ao receberem o recado, pois por pouco teriam convencido a cozinheira a permanecer mais uns dias no emprego e tudo estaria resolvido... Mas infelizmente era tarde! Afinal, os Arns chegariam a São Paulo por causa da insistência com que Dom Paulo os convidava a virem conhecer seu novo apartamento... A solução acabou surgindo do meu "lado" nutricionista e das experientes dicas culinárias de minha mãe. Assim, naquela Quarta-feira Santa em que os visitantes eram aguardados para o almoço, abandonei por algumas horas a organização de papéis no escritório para cuidar de panelas na cozinha, não sem antes buscar uns bifes no açougue da esquina, tudo com a supervisão atenta da Genô e o apoio alegre de Dom Paulo, que começou a proclamar aos quatro cantos "fui salvo de apuros, porque só sei botar água pra ferver, fazer Nescafé e ovo cozido!".

As raízes familiares de Dom Paulo deram frutos e espargiram sementes

Dando um salto no tempo e depois de percorrer praticamente meio século mergulhada na vida e nos trabalhos desse grande pastor e cardeal, não tenho dúvidas de que ele conseguiu atingir em cheio seu objetivo, fazendo com que nós, suas colaboradoras mais próximas, constituíssemos realmente a sua *família* em São Paulo. De fato foi assim que ele sempre nos considerou, e era assim que ele nos apresentava a seus parentes e visitantes. Para mim, era como se ele estivesse voltando às origens que tanto o influenciaram, segundo o que decidiu registrar logo à abertura de sua autobiografia:

Ao recordar a influência de minhas irmãs e irmãos, e, sobretudo, de minha mãe e de meu pai, tenho a nítida impressão de que eles me transmitiram não só a beleza de viver, mas igualmente de escolher uma profissão que enchesse a vida de sentido e me levasse a cumprir missão útil aqui na Terra.[1]

Lembrando-me de quanto o ouvi contar das saudades que sentia e das dificuldades de adaptação da sua juventude, quando saiu pela primeira vez de casa para ingressar no seminário, firmei minha convicção profunda de que, para ele, sentir-se em família, particularmente quando em casa, era como depender do ar necessário para respirar.

Procurarei ilustrar um pouco mais dos efeitos dessa impressão através de algumas outras lembranças de gestos simples e atitudes rotineiras de Dom Paulo para conosco.

Ainda neste final de Quaresma estive em Santana para visitar uma senhora doente, amiga de minha família, que já se encontra na respeitável idade de quase 104 anos. Ela faz parte, é a derradeira representante da família Frederico, vizinha de Dom Paulo à época da mudança do apartamento para o sobrado da Rua Amaral Gama, do qual só sairia para assumir o cargo de arcebispo metropolitano em 1970. Dona Julieta, extremamente lúcida na imobilidade do atual leito hospitalar de sua *home care*, recordava para mim com emoção e saudades: "Nunca vou esquecer a amizade com Dom Paulo... você sabe que ele atravessava a

---

[1] *Da esperança à utopia*: testemunho de uma vida. Rio de Janeiro: Sextante, 2001. p. 17.

rua de chinelos e vinha toda hora à nossa casa para conversar e tomar café?!".

As experiências familiares marcantes da época do Palácio Pio XII mereceriam considerações à parte, como contar com mais detalhes o conhecido episódio da "venda do Palácio". A etapa seguinte foi o tempo do Sumaré, onde Dom Paulo viveu em companhia da comunidade de três Irmãs Missionárias de Jesus Crucificado, e a continuação da frequência matinal de meio período desta secretária. Na ruazinha sem saída em que morou, deve ter deixado saudades no coração de vários moradores. Com a cordialidade, amizade e deferência para com cada pessoa que avistasse ao entrar e sair de casa, apesar da pesadíssima agenda com que sempre teve de se defrontar, nunca deixou de abrir espaços para visitar e abençoar a debilitada jovem Cecília, filha do médico Dr. João e de dona Mathilde, de se aproximar de algumas famílias a partir dos cachorros que latiam no portão e de prosear no jardim com dona Odette e o marido, a professora-escritora da casa ao lado que residira em Santana na juventude.

Nas frugais ceias de Natal que as Missionárias de Jesus Crucificado preparavam e serviam no intervalo entre duas idas de Dom Paulo à Catedral para as missas da Vigília às 18 horas e "do Galo" à meia-noite, foram vários os anos em que ele chamou para reforçar a companhia à mesa seus colaboradores professores, biblistas, que além de tudo moravam no mesmo bairro: Ana Flora Anderson e frei Gilberto Gorgulho, OP; a primeira, por não ter ninguém da própria família no Brasil a quem pudesse se agregar; e o frei mineiro que acabava sobrando só no convento, uma vez que a cozinheira conseguia folga em virtude de os demais confrades da comunidade costumarem aceitar convites para cear com paroquianos.

Completando o tempo do Sumaré, que perdurou de 1973 a 1987, os padres franciscanos da Terceira Ordem Seráfica, a TOR, do Santuário de Nossa Senhora de Fátima, garantiam para Dom Paulo bom reforço na relação de boa vizinhança, pois tal proximidade tornava possível reavivar muitas memórias do tempo em que na França, estudando na Sorbonne, o então jovem frei Evaristo com eles residiu.

De 1987 a 1998, Dom Paulo viveu no bairro da Luz, na moradia que foi e continua até hoje ocupada pelos seus dois sucessores cardeais. Foi ali que ele voltou a ser servido pelas Irmãs Franciscanas da Ação Pastoral, congregação que o tem como pai fundador e que dele cuidou até a partida para a Eternidade em dezembro último. Daquela casa lembro-me bem da nova rede de relações amigas que incrementou com a vizinhança. Dona Ilda e sua filha Odete, frequentadoras do Mosteiro da Luz, logo se entrosaram com ele e com as Irmãs, sendo sempre convidadas para pequenas comemorações domésticas de aniversários e outras. Por ocasião de cada Advento, Dom Paulo e as Franciscanas davam um jeito de reunir o seleto grupo de vizinhos na sala, para a Novena de Natal. E com as Irmãs Concepcionistas do Mosteiro da Luz, que por serem enclausuradas não podiam sair de casa, o movimento se invertia, ou seja, Dom Paulo nos levava para várias celebrações especiais com elas, na capela que é aberta a todo o povo, e na sequência, vez por outra, investido dos poderes próprios de autoridade eclesiástica, fazia-nos adentrar às dependências onde apenas ele poderia se reunir com a comunidade delas, porque o público não tinha acesso. Dessas participações, a que mais me marcou foi a dos dias da exumação dos restos mortais do hoje primeiro santo brasileiro, frei Antônio de Santana Galvão: Dom Paulo nos levou a passar aquele dia histórico trancadas com ele, as Concepcionistas e os peritos do Vaticano assistindo a tudo no interior da capela, e também depois, no dia seguinte, em que os restos mortais do Santo Frei ficaram cuidadosamente dispostos em vitrine especial no salão do andar de cima, para a veneração das Irmãs e a celebração da Eucaristia final a elas reservada, antes da reposição e do sepultamento definitivo do caixão do santo na capela pública onde se encontra.

Minha própria família biológica guarda com gratidão e reconhecimento a memória imorredoura de inúmeros gestos de carinho e apreço com que Dom Paulo nos distinguiu ao longo dos anos, mas o ápice de tudo talvez tenha sido na ocasião da morte de papai. Foi em dezembro de 1991, quando Dom Paulo, que o tinha visitado na derradeira internação hospitalar, encontrava-se no litoral reunido com seu Colégio Episcopal para a reunião prolongada de planejamento do ano seguinte. Ao receber a notícia na manhã do falecimento, não hesitou em convocar o motorista para o meio da tarde, deixando os colegas bispos trabalhando, e com ele subiu a serra para celebrar a missa de corpo presente às nove da noite, aqui em São Paulo, no velório e na véspera do sepultamento, regressando na mesma noite à reunião do litoral, para que o dia seguinte dos trabalhos episcopais não sofresse nenhuma interrupção. Impossível, para mamãe e para nós filhos e parentes, não ficarmos tocados com tal atenção! É por gestos assim – que se contam aos milhares na trajetória deste nosso Pastor

– que, contemplando as ações e as surpresas vindas do nosso querido Papa Francisco, não hesito em comentar: "Conheci, antes, um pastor assim!".

Com o emeritato de 1998 deu-se a penúltima mudança de endereço de Dom Paulo, desta vez de volta à região de Santana, onde desejou estar próximo dos idosos da Santa Casa do Jaçanã, local preferido em que celebrou todas as manhãs de Natal, desde o tempo de bispo auxiliar. Continuou com os serviços e a comunidade das Franciscanas da Ação Pastoral e comigo como secretária de meio período, dispensando-me da função quando decidiu deixar a vida pública para recolher-se em sua última morada deste mundo, no Taboão da Serra, como monge em oração e leituras.

Por que considero família uma das marcas registradas de Dom Paulo?

Por causa da história que narrei e de tantas outras atitudes, das quais relato mais algumas.

Desde o início, mostrou enorme habilidade e carisma em organizar e dividir seu tempo, dedicando com rigor um período anual de férias junto aos familiares no Sul. Fazia questão de marcá-las em janeiro, mês das férias escolares, para estar inicialmente com sua mãe, mas igualmente com todos os seus irmãos e irmãs, a maioria deles professores. E foi já em meu primeiro ano de colaboração que levei grande susto ao ser por ele convidada a acompanhar a assistente social Genoefa, a Irmã Bernardete, vicentina do Centro Social da matriz de Santana, com o motorista do Colégio Marillac, para irmos a Curitiba por uns dias. Era para buscá-lo de volta a São Paulo e curtir em sua companhia os últimos dias daquelas férias anuais. A proximidade e confiança embutidos em tal convite impactaram profundamente não só minha assustada pessoa, mas principalmente a simplicidade de meus pais e irmãos. Hoje eu diria sem medo de errar que a surpresa foi bem maior do que a atualmente causada na opinião pública pelo querido Papa Francisco com seus gestos! Desconcertados, comentávamos entre nós, "como é possível, um bispo ser tão simples... levar e hospedar servidores à própria casa com sua mãe?!".

Dom Paulo já tinha seguido sozinho de ônibus para o descanso no início do mês. Esse carro do colégio das Irmãs, como expliquei, o traria de volta a São Paulo em nossa companhia. Assim foi. Ali, no aconchego e carinho daquele lar abençoado, aprendi que Dom Paulo nos integrara de fato à própria família biológica. Ele nos dizia explicitamente à mesa de cada refeição, repetia na cozinha, diante da acolhida alegre e generosa de Dona Helena e suas filhas, que nós três éramos a família dele em São Paulo, e que com este convite – que se repetiria por todos os anos seguintes até o final, com as demais religiosas e motoristas que o serviriam – fazia questão, explicitando sempre de novo com palavras diferentes, de que fôssemos retribuídas(os) pela ajuda que a ele proporcionávamos em sua casa de São Paulo.

Impossível esquecer Dona Helena, com quem madrugávamos para vê-la ordenhar a vaquinha da chácara e colher as verduras da horta. As irmãs solteiras de Dom Paulo, Otília e Ida, em seus cuidados para com o irmão frei João Crisóstomo, as crianças adotadas, os visitantes e a grande legião de sobrinhos. As celebrações diárias da Eucaristia, com cenário e cantos tão cuidadosamente preparados pelas Irmãs religiosas, Gabriela, Helena, Hilda e Anita. Os churrascos dominicais preparados e animados pelo mano Felippe, as caminhadas e longas prosas com os manos Osvaldo, Reitor da PUC, Zélia e cunhados Alice e Aroldo. As excursões a pontos turísticos dos arredores, organizadas por frei Crisóstomo e suas irmãs no sentido de os visitantes serem sempre levados a lugares inéditos. Os passeios e estadias na praia, na casa inigualável da saudosa Dra. Zilda, cujo sonho maior sempre declarado ao irmão famoso era poder morar com ele ali, defronte ao mar de Betaras, quando os dois estivessem aposentados...

Os manos com os quais, no meu caso, estive menos em contato – porque residiam mais ao Sul e suas agendas de férias não coincidiam com a de Dom Paulo – foram o Max José, de Forquilhinha, e o caçula Bertoldo, de Criciúma, com suas respectivas famílias.

Na chácara dos arredores de Curitiba, onde Dom Paulo mais gostava de estar, havia um lago onde a própria Dona Helena gostava de conduzir seus hóspedes visitantes numa das canoas, mostrando-se exímia remadora. Tal habilidade ela a ensinou à maioria dos filhos e filhas, dentre os quais Dom Paulo, sempre entusiasmado para conduzir seus convidados. A cada vez que lá chegávamos, após a celebração diária da Eucaristia e o café da manhã, nosso dever era proteger do sol a própria cabeça e com ele em seu chapéu de palha rumarmos em meio a boas prosas até a beira do lago. Lá ele apanhava os remos, nos ajudava a embarcar na canoa e com segurança nos levava a dar voltas pelas margens, descrevendo árvores, apontando flores e borboletas, contando histórias e mais histórias, até que algum dos pequenos sobrinhos que sempre nos acompanhavam a bordo pedisse para desembarcar.

Outra delicadeza de Dom Paulo, agora fora das férias, era na volta de cada uma de suas viagens, fossem elas nacionais ou internacionais. Chegando do aeroporto, da rodoviária, ou do próprio carro, quando regressava de compromissos no interior com seu motorista, abria a maleta de mão e enchia as nossas – minhas, das irmãs e do motorista – com balas, doces, chocolates, postais ou pequenos souvenires. Os primeiros, ele os recolhia das bandejas dos serviços aéreos de bordo, enquanto postais e pequenos presentes e souvenires dava um jeito de adquirir à saída da cidade por onde acabara de passar. E a cada retorno rodoviário de Curitiba ou das praias paranaenses para São Paulo, na pausa para reabastecimento da metade do caminho em Registro, jamais deixou de providenciar algum brinde à Irmã que, por ter ficado em São Paulo cuidando da casa, não pôde estar junto a nós nos dias de férias. E chamava-nos para ajudá-lo a escolher o presentinho na loja em que todos os turistas em trânsito paravam.

Essas atitudes e pequenos gestos de simpatia, humor e delicadeza com que Dom Paulo sempre nos surpreendeu nos confirmaram definitivamente na certeza de sermos sua *família*: chamava Madre Lourdes de mãe; a mim de filha, porque desde o início tratei-o por pai; ao voltar dos compromissos, entrando em casa, antes de subir as escadas para seus aposentos, passava invariavelmente na cozinha para alegria da Irmã Conceição: aproximando-se dela à beira do fogão, destampava cada uma das panelas, perguntando se não estava preparando "área verde";[2] no tempo do Palácio Pio XII, quando cruzava com Irmã Isabel varrendo corredores do andar térreo, mexia com ela – por demais séria,

---

[2] Verduras e legumes desta cor, uma de suas preferências.

tímida e respeitosa –, provocando-a com humor até que conseguisse arrancar-lhe um sorriso. E na certa conseguia, após puxá-la pelo ombro para junto de si, explicando na maior seriedade a quem estivesse perto: "Sabe que ela fica aqui com esta vassoura só para aguardar e espantar o embaixador ou cônsul que vai chegar daqui a pouco? Ela consegue... somente ela põe medo neles!".[3]

Uma das religiosas colaboradoras próximas de Dom Paulo, desde os tempos de bispo auxiliar e depois na Cúria, era Irmã Arminda, da Congregação de São José de Chambèry. Por ter muito mais idade que ele, e por tantas qualidades que a tornavam tão atraente e querida dentro da Equipe, Dom Paulo espontaneamente começou a chamá-la de vovó, ou mesmo de vó. Todos ríamos muito com isso, e ela mais ainda, esbanjando satisfação. Até que certo dia, criando coragem, decidiu abordar o amigo para reclamar que se sentia "muito velha", quando ele assim a tratava. E ela, aqui, não estava brincando... Foi então que a fina sensibilidade e carinho de Dom Paulo, ao pedir-lhe desculpas, propôs trocar vovó por madrinha. Fez o maior sucesso, obviamente, enchendo de felicidade o coração da santa e querida Irmã que depois disso, mesmo em público e diante de auditórios, não tinha inibição alguma ao apresentar-se: "Sou a madrinha de Dom Paulo!".

Nosso cardeal Arns foi e será lembrado por tanta coisa...

Mas, na raiz de tudo, Dom Paulo é família! As lembranças deste meu depoimento já vão se prolongando, por isso deixo para

---

[3] Naquela época autoridades trocavam visitas protocolares. Assim, o corpo diplomático desfilava no Palácio, cada representante em sua vez, para visitar o novo arcebispo.

o final uma das mais preciosas: o cultivo da oração e das celebrações em comum na casa do arcebispo. O primeiro encontro diário de nós todas com ele era na capela, às 6h45 da manhã. Descia de seus aposentos com o próprio breviário para, em comunidade, cantarmos as *Laudes*, seguidas pela celebração eucarística das 7 horas. Café da manhã tomado, seguíamos cada uma para seu canto. Era então que minha rotina de secretária me levava para a ponta da mesa do escritório dele, com os jornais do dia e a correspondência a ser examinada e despachada. O privilégio de que desfrutei por tantos anos de convívio e serviço, que até hoje me emociona e me inunda de gratidão a Deus, é revelar que antes de iniciarmos o trabalho Dom Paulo, empunhando seu livro do Ofício das Leituras, me apresentava um segundo exemplar do mesmo para rezarmos juntos e meditarmos os textos daquele dia. Preciosos e inesquecíveis momentos! Deus sabe o tamanho da minha dívida e responsabilidade em testemunhar o Ressuscitado, após ter desfrutado tanta riqueza compartilhada nessa contemplação profunda da Palavra de Deus e dos Padres da Igreja!

Do coração deste homem de oração, de paixão incandescente por Deus segundo seu ex-aluno Leonardo Boff, brotou tudo o que ele exerceu em seu fecundo e marcante ministério. Por causa do presente depoimento, voltei a percorrer um pouco do seu acervo, detendo-me por umas horas no catálogo das suas alocuções semanais Encontro com o Pastor e na coleção dos 57 livros que publicou. Das primeiras, marquei mais de uma centena dedicadas ao tema *família*. E dentre os livros, um de 1975, *A família constrói o mundo?*, foi bastante divulgado por aqui na época e traduzido e editado em 1980 na Argentina, por iniciativa do amigo e Prêmio Nobel da Paz, Adolfo Pérez Esquivel.

Dom Paulo e família: duas referências para mim eternamente indissociáveis, por tudo o que foi, praticou, incentivou, escreveu e construiu. Muito obrigada pela oportunidade de mostrar ao público estas singelas memórias, nestes tempos abençoados de Papa Francisco e sua *Amoris Laetitia*!

Como Dom Paulo mexeu com nossas vidas

ENTREVISTA COM ANA FLORA ANDERSON*

Quando você conheceu Dom Paulo?

Conheci Dom Paulo no final de 1969, quando voltei dos estudos bíblicos em Jerusalém. Naquele período ele era bispo auxiliar do cardeal Dom Agnelo Rossi, que o designara para vigário episcopal da região norte da Arquidiocese.

Como os laços se estreitaram e se iniciou a amizade com ele?

Morando no bairro das Perdizes e frequentando a Paróquia de São Domingos da Rua Caiubi, eu trabalhava em docência de

---

* *Ana Flora Anderson*, biblista e exegeta formada na Escola Bíblica e Arqueológica Francesa de Jerusalém, lecionou em várias faculdades de teologia de São Paulo e em cursos pastorais de formação bíblica no Brasil e no exterior. No período de 1969 a 2012 trabalhou junto a Frei Gilberto Gorgulho, OP (1933-2012), compartilhando atividades acadêmicas, pastorais e literárias com Dom Paulo, que com eles escreveu o livro *Mulheres da Bíblia*, publicado pela Editora Paulinas.

Sagrada Escritura com frei Gorgulho,[1] do qual Dom Paulo se tornou amigo ao convidá-lo a pregar retiros e ministrar cursos bíblicos ao clero da região, e particularmente a partir da prisão dos dominicanos, durante a ditadura militar. Frei Gorgulho, não sei se você sabe, foi o principal colaborador de Dom Paulo, assessorando-o ao longo dos anos em Exegese, Teologia e Pastoral, dentre outros assuntos. Por causa dessa estreita colaboração, mereceu de Dom Paulo a menção de "amigo e incansável lutador", como se lê no escrito de próprio punho de 2005, na dedicatória de lançamento do livro *Mulheres da Bíblia* a ele oferecido.

Eu retornei ao Brasil, como disse antes, em fins de 1969, começo de 1970, ocasião em que alguns dominicanos já estavam presos. Dom Frei Gorgulho, em nome da Ordem Dominicana, dirigiu-se ao Palácio Pio XII a fim de pedir ajuda ao cardeal arcebispo na questão das prisões. Dom Agnelo, que dentre seus bispos auxiliares contava com o dominicano Dom Lucas Moreira Neves, decidiu indicar este para a missão, instruindo a frei Gorgulho para que voltasse ao convento com o recado de agir em seu nome junto aos militares. Mas Dom Lucas, infelizmente, não aceitou o trabalho, pois dizia que atuava com a classe média e, portanto, não poderia lidar com essas "coisas revolucionárias". Frei Gorgulho, então, voltou ao Palácio para dizer ao cardeal Rossi que não tinha obtido êxito. Quando lá chegou, encontrou

---

[1] Frei Gilberto da Silva Gorgulho, OP, biblista e exegeta nascido em Cristina – MG: *09.07.1933/+26.12.2012; após sua formação e especialização internacional em Exegese, regressou ao Convento de São Paulo durante o governo pastoral do cardeal Agnelo Rossi, trabalhando sempre nas atividades docentes, pastorais e de colaboração com Dom Paulo em parceria com Ana Flora Anderson, até o final da trajetória pública do cardeal Arns.

Dom Paulo na sala de espera, aguardando igualmente sua vez de conversar com o cardeal.

Estabeleceu-se então um diálogo entre os dois, com Dom Paulo perguntando primeiramente a frei Gorgulho como estavam seus irmãos confrades. O frei, em seguida, contou tudo o que acontecera e foi então que Dom Paulo, sem hesitar, deixou claro a ele que deveria entrar logo para conversar com o cardeal, lembrando-lhe de que, na condição de bispo da região norte – onde se situavam os principais presídios –, era normal que fosse ele o responsável pelo assunto e assumisse tal encargo. Frei Gorgulho assim fez e o cardeal Rossi concordou. Depois disso, Dom Paulo e o frei ficaram grandes amigos, e eu também.

Quais são as suas recordações do período de nomeação de Dom Paulo para arcebispo de São Paulo?

O que eu sei foi o que ouvi de alguns padres com contato em Roma ao longo dos anos. O cardeal Rossi, que assumiu a Arquidiocese de São Paulo após a transferência do cardeal Motta para Aparecida, aparentemente não via problemas em celebrar missas em 31 de março, dia em que ocorrera o Golpe Militar de 1964. Além disso, para jornalistas que o questionavam aqui ou em viagens, não confirmava que no Brasil se praticava tortura, e essa sua posição não coincidia com a posição oficial da Conferência Nacional dos Bispos do Brasil.

Nesse tempo, Dom Aloísio Lorscheider era o presidente da CNBB, e em conversa dele com o Papa Paulo VI, lembrou que São Paulo era a maior Arquidiocese do Brasil. Assim sendo, como a Conferência Episcopal que presidia poderia se mostrar contra a ditadura, se a maior Arquidiocese do Brasil a apoiava publicamente? Foi daí que o Papa Montini perguntou a Dom Aloísio se ele teria sugestão de algum nome para suceder Dom Agnelo Rossi. Dom Aloísio, que era franciscano como Dom Paulo, respondeu a Paulo VI informando que havia um confrade seu bispo auxiliar em São Paulo dotado de excelente formação, muita habilidade em dialogar e escrever, pois era também jornalista, e além disso vinha revelando muita determinação e coragem na ajuda aos presos. Corria o mês de outubro de 1970, quando o Papa Paulo VI transferiu Dom Agnelo para a Cúria Romana, nomeando Dom Paulo para arcebispo metropolitano de São Paulo.

Como era o trabalho desenvolvido por você e frei Gorgulho, sob orientação de Dom Paulo na Arquidiocese?

Como expliquei anteriormente, frei Gorgulho foi se tornando pouco a pouco muito próximo a Dom Paulo, porque os dois se entendiam bem e faziam tudo para ajudar os presos políticos, especialmente os jovens dominicanos. Ao mesmo tempo, as aulas bíblicas e pregações do professor dominicano para o clero da região norte foram atraindo sempre mais interesse nos padres, mas igualmente nas religiosas e nos leigos, tudo isso se somando ao enorme entusiasmo pós-conciliar do jovem bispo franciscano que começava a dinamizar a pastoral da região a ele confiada. Foi então que Dom Paulo chamou frei Gorgulho, dizendo: "O Concílio Vaticano II diz que nós (hierarquia) devemos evangelizar o povo, porém eu gostaria que você montasse um programa para que eu e minha equipe pudéssemos levar também o povo a se tornar evangelizador". Foi nesse momento que frei Gorgulho explicou que tinha a mim como colaboradora e perguntou se poderia convidar-me para o projeto, alegando que eu era muito comunicativa. Dom Paulo concordou na hora, e assim começamos a preparar os roteiros.

Dom Paulo tinha treinado uma equipe missionária integrada por casais, padres, freiras, profissionais e jovens, enfim, uma equipe grande e diversificada. Montamos um programa para oito semanas e testamos este projeto primeiramente com eles. Dom Paulo se fazia aluno também e contagiava a todos com seu ardor missionário associado ao rigor exigente de professor de Didática que fora antes do episcopado. Na sequência, eles saíram para todas as paróquias da região, pregando para as lideranças locais selecionadas pelos párocos. Frei Gorgulho e eu íamos às reuniões e sentávamos no fundo da sala para ver como pregavam. Ao final da sessão passavam a palavra a nós, concedendo-nos cerca de cinco minutos para resumirmos o tema. Cada encontro se organizava em aproximadamente dez minutos para apresentação do tema, meia hora ou mais para círculos, plenário e depois os cinco minutos finais para nós.

Assim foi nosso trabalho, uma semana inteira em cada uma das quarenta e tantas paróquias, até outubro de 1970, quando veio a surpresa da nomeação de Dom Paulo para suceder o cardeal Rossi. Em vista da alegria que sentíamos nesse trabalho, pensando por um momento em possível interrupção, fiquei muito triste, comentando: "Ah, Dom Paulo, que pena! Este trabalho agora irá acabar!" Ao que ele de imediato respondeu-me que não, que o trabalho agora iria se estender a toda a Arquidiocese de São Paulo, de Osasco a Santo Amaro, da Penha a São Miguel, Tucuruvi e assim por diante. Naquela época, a Arquidiocese era maior, chegou a ter nove Regiões Episcopais. Cada uma delas tinha um vigário episcopal eleito pelo povo, e estes formavam uma equipe com a qual nos encontrávamos regularmente por um final de semana, na Faculdade de Teologia, a fim de os prepararmos. Oito eram as etapas da formação, desenvolvidas em uma semana cada. A primeira delas consistia em trabalhar como ler a Palavra de Deus, pois o Evangelho é uma palavra viva. Posteriormente trabalhávamos cada Evangelho em separado, as cartas de São Paulo e o Apocalipse. Este mesmo modelo foi depois desenvolvido e na sequência repetido em cada uma das Regiões da grande Arquidiocese.

Por quanto tempo vocês desempenharam este trabalho e como era para você desempenhá-lo?

Nós fizemos isso durante anos, e foi maravilhosa essa experiência que nos levou a um contato e aprendizado inesquecíveis com o Povo de Deus de toda a imensa metrópole. Para dar uma ideia mais viva, cito alguns exemplos que pudemos vivenciar naqueles anos abençoados: Santo Dias da Silva, hoje tão famoso, fazia parte da equipe de evangelização em Santo Amaro e integrava a Pastoral Operária. A primeira aula que deu foi sobre o Pai-Nosso. Mostrava-se nervoso, pois nunca havia pregado em público, para um auditório lotado. Mas falou de coração! E não é preciso repetir aqui os acontecimentos que culminaram, mais tarde, com seu martírio, tornando-o conhecido e admirado por todos.

Em Osasco, uma senhora da comunidade, Dona Ezaíra, que nem sabia escrever bem no quadro-negro – ali, quase todo mundo era operário, cerca de setenta participantes –, comunicava com paixão: "O Evangelho é uma Palavra Viva, Jesus fala conosco hoje!". Aqueles operários escutavam atentamente a pregadora popular humilde e convicta. Exemplos como esses dois fizeram com que para mim, professora da Faculdade de Teologia, ocorresse uma verdadeira conversão, pois com o povo simples aprendi nova forma de dar aulas para seminaristas. Foi experiência única lecionar para universitários em faculdade, depois de ter ouvido o que tocava mais no coração do povo! Afinal, o problema de professor de faculdade que estuda na Europa geralmente é voltar de lá achando que tem de imitar os professores que conheceu... Portanto, com essa reação tão expressiva do povo, comecei dali para frente a mudar minha própria maneira de lecionar! E o mesmo se passou, evidentemente, com frei Gorgulho.

Devo lembrar ainda que, para mim, o carisma de Dom Paulo sempre chamou a atenção. Para ilustrar, contarei uma cena: eu me encontrava em missão na periferia da região leste, sabendo, por meu médico, que dia mais, dia menos, precisaria submeter-me a uma cirurgia. Na ocasião desse diagnóstico, ela não era urgente. Porém, naquele dia, de repente comecei a passar mal. Frei Gorgulho sem demora levou-me ao hospital onde meu médico trabalhava. Lá chegando, encontramos Maria Ângela Borsoi, a secretária do cardeal que trabalhava também como nutricionista, descendo as escadas. O detalhe é que aquele hospital era um lugar que ela visitava profissionalmente apenas uma vez ao ano, para treinamento de auxiliares de copa e cozinha. No atendimento a meu caso, os socorristas ordenaram internação às pressas para a cirurgia, que passara a ter caráter de urgência. E como, por viver sozinha em São Paulo, eu ficaria sem acompanhante, frei Gorgulho e ela resolveram sem demora o problema: enquanto a enfermagem me preparava para o ato cirúrgico, ele levou-a de carro a fim de buscar roupas em sua casa e avisar a família que passaria a noite para me fazer companhia. Quando os médicos iniciaram a cirurgia, constataram que a situação passara a ser de alto risco. Porém, apesar disso, com a graça de Deus, recuperei-me bem. Era o mês de novembro quando tudo isso se passou. Semanas depois, no Natal, Dom Paulo, que apreciava a companhia de alguns amigos a mais além de sua comunidade religiosa à mesa, convidou a mim e a frei Gorgulho para o almoço. Foi então que lhe contei o fato, ressaltando a grande coincidência de Maria Ângela, que ali passava curtos períodos apenas uma vez por ano, ter nos encontrado bem naquele momento crucial para mim. Dom Paulo, que ouvira atenta e interessadamente meu relato, olhou bem por cima dos óculos nos meus olhos, depois olhou fixamente para os demais, comentando com aquele seu humor refinado: "Vocês sabem? Conheço uma moça que percorre a Arquidiocese de um lado a outro pregando que Deus é Amor. Mas, quando Ele mostra concretamente este amor para com ela, só é capaz de dizer que foi coincidência!".

Até hoje, quando eu ou Maria Ângela falamos ou ouvimos falar em coincidência, nos entreolhamos sorrindo e rapidamente fazemos uma para a outra o sinal da cruz!... (risos)

Voltando ao trabalho de evangelização, durante vinte anos vivenciamos esse contato com o pessoal das Regiões. Depois, cada equipe local desses evangelizadores começava formando os chamados grupos de rua. Estes, por sua vez, transformavam-se em comunidades eclesiais de base.

Posteriormente, com a chegada dos bispos auxiliares, a experiência de origem foi se modificando um pouco, uma vez que quase todos eles inauguraram escolas de Teologia para formar as pessoas. Nós, no entanto, também aqui continuamos trabalhando.

Você tem alguma memória especial sobre Dom Paulo? E por que você a considera especial?

Quando, naqueles anos, agravou-se a condição de saúde da mãe de frei Gorgulho, Dom Paulo, ao saber, revelou a ele seu desejo de ir sem demora até Cristina-MG, a fim de conhecê-la e abençoá-la. Frei Gorgulho conversou com sua família comunicando o fato e preparou o carro para a viagem. Prevendo que viveria com seus familiares um momento muito especial, estendeu a mim e à Maria Ângela o convite para os acompanharmos. Chegando à residência episcopal do Sumaré onde Dom Paulo nos aguardava, topamos com a presença de Dom Aloísio Lorscheider, que estava de saída. Ele acabara de voltar de Roma desembarcando em São Paulo e ali passou para visitar o confrade e amigo. Surpreendidos com a oportunidade desse inesperado encontro, frei Gorgulho e eu, que muito tínhamos apreciado seu discurso no Sínodo Episcopal, no qual sua visão da Igreja no mundo provocara repercussões positivas e comentários elogiosos de jornais e intelectuais de todo canto, aproveitamos para cumprimentá-lo. Primeiro foi frei Gorgulho, em seguida eu. Naquela ocasião, em minha ingenuidade, apertei a mão dele dizendo como havíamos ficado felizes e orgulhosos com a visão que apresentara em seu discurso. Ele agradeceu sorrindo, mas como que perturbado pela súbita vermelhidão das faces encabulou-se, desviando logo para o chão o seu olhar...

Instantes depois das despedidas mútuas, quando com Dom Paulo entrávamos no carro e o frei iniciava o longo percurso para

Cristina, expus a ele minha perplexidade, afirmando que não entendera a reação do ilustre visitante. Afinal, se um cardeal me dirigisse um elogio, eu sim ficaria vermelha... porém, deu-se o oposto, quer dizer, quando o elogiei, Dom Aloísio ficou vermelho diante de mim! Perguntei então: "Como se explica isso, Dom Paulo?". Atenção para a resposta que ele me deu: "Você não entende porque não é cardeal!". Não satisfeita com a explicação, permaneci quieta, no banco de trás do carro com a Maria Ângela, quando então Dom Paulo dirigiu-se a mim dizendo: "Vou à Cúria três vezes por semana, como você sabe, para receber dezenas e dezenas de pessoas em audiência. Todo mundo que entra em minha sala começa o diálogo me fazendo elogios. Mas a grande maioria, antes de sair, acaba me pedindo algum favor... Dom Aloísio na certa nunca recebeu um elogio como o seu, completamente sincero, aberto e despretensioso. Você não queria nada dele, simplesmente achou que no Sínodo tinha feito algo maravilhoso. E porque isso nunca acontece, o homem acabou se sentindo tocado, lá dentro, por seu gesto!".

Essa passagem me impressionou demais, porque tudo o que eu sabia e ouvia de Dom Paulo era muito positivo e elogioso. Mas naquele momento passei a compreender como ele devia sofrer com essa atitude de muitos que o procuravam. Essa impressão foi, para mim, das mais profundas que experimentei!

Por tudo isso e muito mais, agradecendo a oportunidade da presente entrevista, com a qual os editores prestam homenagem a Dom Paulo, eu gostaria de estar em sintonia com ele "na prece comum ao Espírito Santo", conforme a mim se dirigiu na última dedicatória de próprio punho com que me presenteou também em 2005, como o fizera a frei Gorgulho, oferecendo a esta "professora e formadora de nossos padres" um exemplar do livro *Mulheres da Bíblia* que então era lançado. E como neste meu depoimento focalizamos igualmente a memória do saudoso companheiro e amigo dominicano de Dom Paulo, encerro este meu testemunho rendendo ação de graças a Deus por ter chamado a mim e ao frei a colaborar tão de perto com tal pastor, revelando ao público leitor mais uma sua delicada e derradeira frase, perenizada com sua caligrafia no exemplar que ofereceu a seu fiel amigo mineiro, na mesma ocasião: "Ana Flora e você abriram a Bíblia para nós e o Brasil todo".

São Paulo, 2 de outubro de 2017.

Filho do Concílio Vaticano II
Frei Paulo Evaristo Cardeal Arns

FERNANDO ALTEMEYER JUNIOR*

Dom Paulo Evaristo Arns, cardeal arcebispo emérito de São Paulo, faleceu em 14 de dezembro de 2016 com 95 anos e três meses, sendo reconhecido internacionalmente como literato, teólogo, patrólogo, profeta da metrópole paulistana, defensor da pessoa humana diante da ditadura militar e assumidamente um frade franciscano, irmão universal, com amor perseverante e fecundo em vinte e sete anos como bispo paulistano e patriarca da teologia latino-americana. Poucos sabem que uma de suas maiores qualidades foi fazer realidade as decisões do Concílio

---

* *Fernando Altemeyer Junior* é teólogo leigo, graduado em Filosofia e em Teologia, mestrado em Teologia e Ciências da Religião pela Universidade Católica de Louvain-La-Neuve, na Bélgica, e doutorado em Ciências Sociais pela Pontifícia Universidade Católica de São Paulo – PUC. Atualmente é professor e integra o Departamento de Ciência da Religião da Faculdade de Ciências Sociais da PUC – SP.

Vaticano II em sua Diocese, de forma colegial e participativa. Dom Paulo é um filho reconhecido do Concílio e pastor fiel em sua aplicação pastoral junto aos empobrecidos.

Nascido de família de colonos alemães no sul do Brasil, em 14 de setembro de 1921, decidiu seguir o caminho da vida religiosa na ordem dos frades franciscanos. É ordenado sacerdote em 30 de novembro de 1945. Realiza estudos acadêmicos na Sorbonne defendendo a tese em 3 de maio de 1952 sobre a Técnica do livro segundo São Jerônimo. Nesse período foi marcado pelo pensamento da *Nouvelle Théologie*, particularmente dos teólogos jesuítas e dominicanos como Jean Daniélou e Yves Congar, que lia como que comendo um "pão doce catarinense" e habituou-se a ouvir as conferências de François Mauriac, Paul Claudel, Jean-Paul Sartre, e aprofundar os textos de aulas de Emanuel Mounier e Henri De Lubac. Seus estudos mais fecundos buscam penetrar nas raízes do pensamento dos padres do século IV e V da era cristã. Ali nasceu seu amor por uma teologia libertadora "avant la lettre". Ao voltar ao Brasil torna-se professor em Petrópolis, RJ, e Agudos, SP, até ser sagrado bispo auxiliar da cidade de São Paulo em 3 de julho de 1966, exatos sete meses do término do Vaticano II. Será feito arcebispo metropolitano em 1º de novembro de 1970 e elevado a cardeal em 5 de março de 1973. Exerceu o cargo de arcebispo paulistano durante 27 anos, até sua renúncia em 1998, sendo sucedido por Dom Frei Cláudio Hummes.

Figura central da Igreja brasileira durante o período de 1964 a 1985, quando do longo período ditatorial, destaca-se na firme e pacífica defesa dos direitos humanos para pessoas de todas e quaisquer nacionalidades, ideologias ou grupos políticos ou sociais. Defensor da vida e da pessoa humana, assumiu como tarefa de vida o lema que consta em seu brasão episcopal e cardinalício: De esperança em esperança. Ressoa claramente seu vínculo com a *Gaudium et Spes*. A sintonia de Dom Paulo com os textos da Assembleia Episcopal de Puebla é imediata. Escreve, em 7 de março de 1981:

> Ser cristão é fazer o que Cristo fez: pregar a vida. Combater as doenças e suas causas. Nas pessoas e nas estruturas. Afinal, restituir a grande esperança do povo, repetindo com a Bíblia: onde o mal cria condições de exploração, Deus suscita forças de libertação integral.[1]

Grão-chanceler da Pontifícia Universidade Católica de São Paulo, acolherá professores que o regime militar aposentou, perseguiu ou censurou, como Florestan Fernandes, Octávio Ianni e Paulo Freire, entre tantos. Dom Paulo aplica concretamente cada palavra e intuição luminosa dos documentos conciliares *Dignitatis Humanae*, *Nostra Aetate*, *Dei Verbum* e *Ad Gentes*.

Membro de diversas comissões internacionais de Direitos Humanos, particularmente da Comissão Internacional Independente da ONU para questões humanitárias. Comendador da Legião de Honra do governo da França pelo testemunho de sua vida em favor dos empobrecidos e da justiça social. Possui vinte e três títulos de Doutor *Honoris causa*, no Brasil e no exterior, com destaque para o doutorado em Direito, concedido pela

---

[1] ARNS, Paulo Evaristo. *Estrelas na noite escura*: pensamentos. São Paulo: Paulinas, 2006. p. 65.

Universidade de Notre Dame, Indiana, nos Estados Unidos, em 22.05.1977, recebido conjuntamente com o presidente norte-americano, o democrata Jimmy Carter. Recebeu trinta e quatro cidadanias honorárias. No cargo de cardeal da Igreja Católica sofreu pressões duríssimas, quer dos generais ditadores, quer dos próprios prelados da Cúria Romana, por seu engajamento profético e lúcido em favor de qualquer pessoa humana nas terras latino-americanas. Realizou um governo colegiado com um conjunto de doze bispos regionais, construindo uma Igreja sem fronteiras, aberta aos homens e mulheres cosmopolitas a partir de um novo modo de pensar e agir inspirado na leitura libertadora da Bíblia, nos documentos do Ensino Social da Igreja e nas Assembleias Episcopais de Medellín e Puebla. Fez emergir a verdadeira Igreja Povo de Deus em marcha. Dom Paulo encarnou na Igreja local o que fora promulgado pelos padres conciliares como tarefa pastoral dos bispos, como ensinam *Christus Dominus* e *Lumen Gentium*.

Patrocinou a edição do *best-seller Brasil: Nunca Mais*, que retrata os porões da ditadura e os sofrimentos vividos por centenas de brasileiros torturados clandestinamente pelos militares no Brasil. Graças a essa obra, não se perdeu a memória da ignomínia praticada contra a pessoa humana no Brasil. Suas homilias e denúncias na rádio católica Nove de Julho foram impedidas de difusão por longos vinte e seis anos, por decisão dos generais torturadores que temiam a voz corajosa vinda da Igreja paulistana. E mesmo assim Dom Paulo falou pelas rádios comunitárias, pelos folhetos alternativos, pelo jornal arquidiocesano, como protetor dos movimentos sociais e das comunidades eclesiais de base.

Criou a Comissão Justiça e Paz e o Centro Santo Dias da Silva, formados por eminentes juristas, muitos deles advindos da Ação Católica e marcados, também eles, pelo personalismo de Jacques Maritain. Estes homens e mulheres até hoje lutam contra a impunidade e a violência policial. Recebeu vinte e nove medalhas, dentre as quais se destacam a de Grão-Oficial da Ordem El Sol del Perú, do governo peruano, em 6 de março de 1972, e a da Gran Cruz da Ordem de Bernardo O'Higgins, do presidente da República do Chile, outorgada em 4 de outubro de 2000 e entregue em 29 de julho de 2001, pela defesa da vida de cidadãos chilenos, argentinos, uruguaios e paraguaios na famigerada Operação Condor e na luta para reencontrar filhos e netos de desaparecidos do Cone Sul. Fez da Cúria não uma burocracia e palácio inexpugnável, mas lugar de refúgio de todos os exilados e perseguidos. Dom Paulo foi para milhares de pessoas o bom samaritano que crê que a Palavra de Deus é viva, verdadeira e exige opção concreta em favor dos últimos e perseguidos. Diz o cardeal: "Era evidente que a formulação acadêmica só poderia vir através de teólogos bem formados e sintonizados com a situação desse povo sofrido".[2]

Sua presença constante nas comunidades da periferia na defesa das mulheres, dos favelados, das crianças e moradores de rua lhe valeram campanhas difamatórias contínuas por parte de policiais e agentes da direita brasileira. Vale lembrar que, quando o menino Joílson de Jesus morreu pisoteado no Largo de São Francisco, por um advogado, D. Paulo Evaristo celebrou uma missa na

---

[2] ARNS, *Da esperança à utopia*, op. cit., p. 334.

Catedral e um radialista famoso convocou a população da cidade para que fosse até a Catedral para espancá-lo. Felizmente, a voz do pastor prevaleceu. "Uma pessoa vale mais que todo o ouro do mundo e, quem nela toca, fere o próprio Deus Criador", foi a palavra do profeta. Essa é a teologia que sustenta o seu pensamento. Um humanismo cristão que bebe nas fontes dos evangelhos, passa pela Patrística e assume radicalmente as decisões do Concílio Vaticano II. Proclamar a dignidade humana sobre os telhados. Dom Paulo lideraria uma lista de 116 bispos de todo o continente americano favoráveis a um novo modo de pensar Deus em sua ação na história dos povos oprimidos. "Apoiamos, com simpatia e vigilância, esse esforço de reflexão teológica no interior e a serviço de nossas igrejas", afirma o Comitê de patrocínio da nova Biblioteca de Teologia gestada nas comunidades e Faculdades de Teologia. Este apoio explícito à coleção Teologia e Libertação, pensada em 50 volumes, coeditada no Brasil (Editora Vozes), em Madri e Buenos Aires viria à luz em 1985. Entretanto, já em 1987 sofreria embargo e censura total dos órgãos censores do Vaticano por determinação direta do cardeal Joseph Ratzinger, mutilando-a depois de 13 volumes lançados. Incompreendido dentro da Igreja, não esmoreceria, exigindo de cada pastoralista, professor e intelectual a conexão vital com a vida dos empobrecidos. Dom Paulo não advoga uma teologia de gabinete, mas uma verdadeira libertação da teologia para que se torne fermento e sal nas igrejas. Vale mencionar documento assinado por Dom Paulo e preparado por um dos mais eminentes teólogos da libertação, frei Gilberto da Silva Gorgulho. Este texto foi enviado a Roma em 08.12.1984 e nunca respondido ou acolhido. Tinha como título: Notas sobre a libertação e a Igreja na América Latina. Afirma Dom Paulo, acolitado pelo frade dominicano:

> A teologia latino-americana não tem como objetivo, nem efeito, acrescentar alguns capítulos à teologia anterior. O que ela pede é uma mudança de perspectiva, partindo da pressuposição da existência de uma tensão permanente na História, entre o cristianismo vivido pelos pobres e as adaptações feitas pelas classes superiores, com a ajuda, quase sempre, das ideias e dos sistemas intelectuais que somente estas últimas conhecem e sabem manejar. A pressuposição prossegue da seguinte forma: os pobres não possuem uma teologia como sistema, mas se conservam fiéis às verdadeiras intuições do Evangelho. No entanto, o que eles possuem de conhecimentos explícitos corre o grande risco de ser uma versão distorcida de um sistema por si mesmo deformante, vivido pelos privilegiados. O que se passou na América Latina não é, porém, um fato único na História, mas sim a exasperação de uma tendência encontrável em todas as épocas. Em outras palavras, consiste ela em buscar a própria essência anteriormente aos revestimentos de falsas teologias que impregnam a cristandade. Buscar a humanidade de Jesus não significa negar a sua divindade, nem renovar, no que quer que seja, o antigo nestorianismo. Significa, ao contrário, reencontrar o verdadeiro sentido da afirmação da divindade de Jesus. É a vida humana de Jesus que nos conduz aos pobres e à sua libertação.[3]

Acolhe em sua Catedral na Praça da Sé inúmeros líderes muçulmanos, judeus, budistas, evangélicos, afro-brasileiros e o próprio Dalai Lama. Como reconhecimento por sua atuação em

---

[3] ARNS, *Da esperança à utopia*, op. cit., p. 431.

favor dos refugiados, recebeu o Prêmio Internacional "Medalha Nansen", do Alto Comissariado das Nações Unidas para Refugiados (ACNUR), concedido no Palácio das Nações Unidas em Genebra, Suíça, em 07.10.1985. Sempre atento às causas concretas do povo brasileiro, é ardoroso defensor da Reforma Agrária e da participação efetiva do povo na escolha de candidatos que defendam em suas vidas os verdadeiros anseios populares. Sempre e de maneira independente valorizou a participação dos leigos na vida política, sindical e associativa em bairros, associações e agrupamentos sociais em favor da cidadania e da comunicação. Devemos destacar, dentre os 51 livros de sua autoria, três que manifestam seu pensamento humanista: *I poveri e la pace prima di tutto* (Ed. Borla, Roma, Itália, 1987), *Von Hoffnung zu Hoffnung* (Vortragre, Gesprache, Dokumente, Patmos Verlag, Dusseldorf, Alemanha, 1988); e *Conversa com São Francisco* (Paulinas, São Paulo, 2004).

A PUC-SP, invadida pelas forças de segurança da ditadura militar, por duas vezes, teve em Dom Paulo a firmeza permanente para assumir a reitora Nadir Kfoury e seus vice-reitores, com coragem de enfrentar os prepotentes. Foi um momento dramático que forjou uma geração e um símbolo perene. A PUC-SP, casa da excelência acadêmica, deve a Dom Paulo o acolhimento de professores de todas as escolas de pensamento sem qualquer obscurantismo ou dirigismo externo.

Este é Dom Paulo, o Cardeal dos Pobres, fidelíssimo ao Concílio Vaticano II e ao seu Espírito renovador. Um filho do Concílio em seu pensamento, suas palavras e suas ações. Ao final de sua vida só pediu para ser lembrado como um cardeal do povo.

O cardeal do povo continuará vivo na vida de sua Igreja como homem-semente que foi. E poderemos sempre recordar as palavras dirigidas ao cardeal pelo mártir frei Tito de Alencar Lima, em maio de 1973, pouco antes de sua morte, quando escreve com carinho ao seu bispo:

> Aproveito a ocasião para desejar-vos feliz Páscoa. Confio enormemente no senhor, creia-me; confio, sobretudo, na vossa alma franciscana. Descobrimos, na prática, o que é evangelizar no Brasil de hoje. A Igreja que se purifica na perseguição, sobretudo quando quer viver, integralmente, os valores evangélicos: a paz, a verdade, a justiça, a fraternidade e o amor entre os homens.[4]

Quem de nós receberia ainda vivo uma mensagem tão pura dos lábios de um mártir? Só Dom Paulo Arns, o cardeal da esperança, agora nos braços do Pai maternal.

---

[4] ARNS, *Da esperança à utopia*, op. cit., p. 306.

Dom Paulo Evaristo Arns, OFM

★ Forquilhinha, SC, 14.09.1921
† São Paulo, SP, 14.12.2016

Frei Clarêncio Neotti[*]

Figura gigantesca

Componho este necrológio na Semana Santa do Natal, logo depois de sua morte. Sem ter em mãos a pasta da Secretaria provincial. Apenas com os dados que são públicos e muitos, além de sua autobiografia *Da esperança à utopia*. Ninguém na Província até hoje teve vida tão tumultuada dentro do carisma da paz, que nos é próprio. Ninguém na Província até hoje teve vida tão rica de fatos e atos dentro de um período histórico como foi o pós-

---

[*] *Frei Clarêncio Neotti* reside em Vila Velha (ES), onde é vigário paroquial no Santuário do Divino Espírito Santo. Jornalista e escritor, trabalhou na Editora Vozes de janeiro de 1966 a janeiro de 1986, e atualmente edita e redige a revista *Vida Franciscana*. Foi, durante esse tempo, redator da *Revista de Cultura Vozes*. Foi ordenado padre franciscano em janeiro de 1961.

-Concílio e os anos da ditadura militar no Brasil. Ninguém foi modelo mais evidente de líder, quase diria de profeta, num tempo (que a história lamentará) de destruição das lideranças nascentes dentro da Igreja e dentro dos países latino-americanos.

A figura de Dom Paulo se torna ainda maior, gigantesca, num momento de escassez de balizas em todos os países do mundo e também no seio da mãe Igreja. É admirável a nossos olhos que já na segunda geração da Província restaurada tivemos figuras como Dom Paulo Evaristo e frei Constantino Koser (†2000). Em novembro de 1995, o então Ministro geral frei Hermann Schalück escrevia a Dom Paulo:

> Entre os grandes Franciscanos desta segunda metade do século, o senhor ocupa, certamente, um lugar privilegiado. Vivendo a vocação dentro do carisma franciscano, o senhor soube, como poucos, ver, compreender e enfrentar os grandes problemas humanos enraizados ao mesmo tempo no campo religioso, social, político e econômico, convicto de que nos empobrecidos e marginalizados do grande fluxo dos bens materiais e espirituais, está estampado o rosto do Cristo pobre, humilde e sofredor.

Frei Evaristo foi meu último professor a morrer. Professor de literaturas em Agudos, ele recém-chegado do doutorado na França. Professor e mestre em Petrópolis, na virada do Concílio. Como vinte dias antes dele partiu para a eternidade Fidel Castro, também nonagenário, transcrevo uma passagem do meu *Diário*, de 20 de fevereiro de 1959:

> Meu professor de literatura francesa na Faculdade, Roberto Alvim Correa, veio almoçar comigo no Convento. Viemos juntos da

faculdade. Frei Evaristo o recebeu na portaria. Conversamos os três juntos sobre assuntos culturais da França. Mas a certa altura a conversa necessariamente se voltou para Fidel Castro, vitorioso na revolução e feito primeiro-ministro de Cuba. Todos os Meios de Comunicação falam de Fidel. As notícias vindas dos Estados Unidos são descaradamente contra ele. As notícias vindas da Europa (France Press, Efe) lhe são mais benignas. Mas todas mostram receio diante de seus pronunciamentos pró-Rússia e pró-regime comunista. Correa perguntou a Frei Evaristo sua opinião. E frei Evaristo disse: "Se os americanos não acabarem com ele via eliminação encomendada, daqui 50 anos Fidel terá monumentos em toda a América Latina". Estranhei muito a afirmação, porque frei Evaristo não é de esquerda. Mas eu ainda preciso aprender o que é esquerda, direita e centro em política.

Filho de colono

Nasci entre quatro irmãs, uma mais velha do que eu, as outras mais jovens. Ao recordar a influência de minhas irmãs e meus irmãos e, sobretudo, de minha mãe e de meu pai, tenho a nítida impressão de que eles me transmitiram não somente a beleza de viver, mas igualmente de escolher uma profissão que enchesse a vida de sentido e me levasse a cumprir missão útil aqui na Terra. Três de minhas irmãs se tornaram religiosas e uma, professora de universidade, adotou seis filhos, que criou com afeto de mãe.

Nascido no dia 14 de setembro de 1921, foi batizado já no dia 17 pelo padre Giacomo Giacca, de Nova Veneza, e que, uma vez por mês, celebrava em Forquilhinha. E foi com esse mesmo padre que aprendeu a ser coroinha.

Pai: Gabriel Arns, "homem de poucas palavras, mas de uma correção incontestável em todas as situações da vida. Responsável pela venda dos produtos da colônia, dedicou-se ao comércio, sem abandonar de todo a lavoura". Era líder nato, o que o transformava em juiz de paz entre os colonos.

A prática participativa e democrática que esteve presente na minha gestão como bispo e arcebispo tem origem no que vivenciei na relação de meu pai com os colonos. Ele era um pioneiro, dotado de extraordinária intuição política, apesar de não ter tido um único dia de aula na vida. Leitor incansável, devorava seis livros por semana, dos mais diferentes gêneros literários, o que o deixava informado sobre os mais diversos assuntos. Seu conhecimento das leis lhe permitia discutir, de igual para igual, com os fiscais que vinham inspecionar seu negócio, enquanto lhes servia uma cachaça que, envelhecida na adega, se transformara em conhaque.

Mãe: Helena Steiner Arns.

Extremamente dedicada a meu pai, sabia também cultivar no coração dos filhos o amor a todas as pessoas e o respeito para com os idosos e as crianças. Nunca soube como minha mãe adquiriu tanto senso eclesial. Ela conhecia tudo sobre a Igreja, num tempo e naquela colônia recém-fundada onde não existiam recursos de formação. Sabia de cor, em latim, todas as respostas que cabiam ao coroinha e as ensinou a mim. Também me orientou no comportamento litúrgico dos coroinhas no altar durante as celebrações religiosas. Ela certamente trouxe os seus dois filhos padres e as suas três filhas religiosas desde o ventre até o altar de Deus.

Irmãos e irmãs: Heriberto (frei João Crisóstomo), Irma (faleceu com um ano de idade), Osvaldo, Olívia (Irmã Gabriela), Paulo (Dom Paulo), Otília, Laura (Irmã Helena), Hilda (Irmã Hilda), Felippe, Max José, Ida, Bertoldo, Zilda, Zélia.

Escola:

Perto de sessenta alunos, divididos em duas salas. A nós alunos empolgava o fato de os dois professores tocarem violino, mas, sobretudo, de participarem de todos os problemas da vida dos colonos. Até hoje, depois de frequentar tantas escolas e ocupar-me sempre da formação de nossa gente, admiro três qualidades desses primeiros professores meus. A primeira, a seriedade. Passavam as cinco horas do período matutino junto a crianças pobres e descalças, que vinham a pé de suas casas e não perdiam aula, a não ser por doença grave. A segunda era a maneira extremamente prática com que ensinavam. A terceira era a unidade entre a escola e a religião. Aí estava o seu centro e por lá passava a seriedade. Este ensino de religião era realmente obra de mestre e de prática constante dos professores e de toda a colônia.

Depois de construída a capela, os mesmos professores que nos ministravam três aulas de Bíblia e duas de Catecismo por semana ainda nos convenciam a comparecer com a família, todos os domingos, para o culto que eles mesmos dirigiam. Impressionava-nos demais a maneira como Tio Jacó e Tio Adolfo, nossos professores, transmitiam esse gosto pela religião e por sua presença nas manifestações de culto e no trabalho conjunto dos colonos. Aproveitavam os mestres os momentos mais oportunos para nos dizer como São Francisco punha em prática a imitação de Jesus e como é possível viver também, numa colônia de famílias, os ideais do amor fraterno e da convivência pacífica. Comecei a gostar de tal maneira de São Francisco que a primeira visita do frade franciscano à nossa terra me encheu de entusiasmo pelo hábito marrom que ele trajava com tanto respeito e pela preparação que ele providenciou para a minha primeira comunhão. Durante a missa de minha primeira comunhão, meu irmão mais velho, Heriberto, estava conosco de férias e tocou violino.

A escola nunca foi um pesadelo para mim. Quer me parecer que em toda a existência tive as maiores alegrias aprendendo e ensinando. Essa aprendizagem e esse ensino sempre tiveram como finalidade tocar o coração, formar a consciência e construir as grandes motivações para a vida. Estudar e ensinar tornou-se assim uma necessidade vital para a intercomunhão e a participação na pequena história do grande mundo.

Vocação decidida

E a vocação?

Quando prestei os exames do quarto primário, eu me sentia tão disposto a ingressar no seminário que aproveitei uma viagem a cavalo que fiz com meu pai para lhe dizer que eu gostaria de partir, quanto antes, para o mesmo seminário de onde recebia as mais belas notícias de meus dois irmãos, Heriberto e Osvaldo. Papai, ou como o chamavam os colonos "senhor Gabriel", ficou pensativo durante muitos quilômetros da cavalgada, para então me dizer: 'Paulo, não é possível. Papai não tem os meios. Você pode estudar de manhã com tio Adolfo e à tarde trabalhar ajudando a família". Assim, passei mais dois anos, a quinta e a sexta séries, como único aluno da escola primária, que então ministrava apenas quatro anos de ensino comunitário. Nunca aprendi tanto quanto nesse contato direto com o professor Adolfo, que, como guarda-livros de meu pai, à tarde me chamava para ajudá-lo a fazer as contas e a examinar os livros, garantindo a correta manutenção de tudo o que era exigido pelas leis do país.

Pelos fins de 1933 e começos de 1934 chegou à nossa colônia o franciscano frei João Crisóstomo Adams (†1944). Não sei como ele convenceu o senhor Gabriel, meu pai, mas o certo é que, em 20 de janeiro de 1934, festa de São Sebastião, muito venerado por minha mãe, eu partia, junto com meus três primos e colegas coroinhas, para o seminário. Foi o grande dia de nossa vida.

E foram embarcados na carroceria de um Chevrolet, de Forquilhinha a Jaraguá, via São José (onde viu pela primeira vez a luz elétrica) e Rodeio (onde visitou o irmão Heriberto, agora frei João Crisóstomo, noviço). Depois de trem até Rio Negro.

Rio Negro significava seis anos de estudos sem voltar para casa de férias.

A adaptação me custou muito pouco, talvez por causa da amizade com o jovem franciscano frei Cipriano Chardon (†1975), tão aberto para as dificuldades de entrosamento dos novos alunos. Quais foram os pontos que mais me impressionaram nesses seis anos que passamos junto a meninos desconhecidos, a padres professores e a irmãos humildes e sempre dispostos a nos favorecer e ajudar? Certamente a ordem, a disciplina, que não eram impostas, mas aceitas de bom grado tanto pelos pequeninos quanto pelos médios e maiores. Depois, a boa divisão entre tempo de recreio, de estudo em ambiente comum e de aulas. O cultivo da música foi também muito marcante em minha formação. Tínhamos diversos mestres de piano e violino que dirigiam a nossa orquestra. Tentei violino e piano. O que mais influenciou a vida futura do pequeno estudante de Rio Negro foi a aprendizagem sistemática das diversas línguas. O latim ocupava o primeiro lugar com oito aulas semanais no início e seis ao longo do curso todo. Logo a seguir vinha o português, tão dependente do latim quanto o alemão, este ensinado com um pouco menos de entusiasmo, porque o hitlerismo se anunciava na Alemanha como um grande perigo. O grego teve início na quarta série, e o estudávamos com espírito quase esportivo. O estudo do francês foi introduzido na quinta série. Tudo isso não teria dado o resultado que costumava dar ao longo dos estudos se não houvesse o que chamávamos de Academia Antoniana, em que a quinta e sexta séries faziam sessões declamando poesias e pronunciando discursos. Era nela que frei Alfredo Setaro (†1973) nos introduzia na arte de falar em público e de utilizar tudo o que nos tinha sido comunicado nas classes com tanta generosidade. Este carioca era também mestre na produção de festas, saraus e teatros, momentos altos no seminário. O forte era o teatro. Vivi entre os treze e os dezoito anos muitas horas psicologicamente importantes para o desenvolvimento, meditando e apresentando textos de grandes autores. O clímax foi sem dúvida a leitura dos clássicos alemães Schiller e Goethe.

Sobre os anos de Rio Negro nunca hesito em reafirmar, com a maior convicção: foi um lugar de excelente formação de caráter, de bela introdução para a vida religiosa e de um cultivo de humanidades que até os meus professores da Sorbonne um dia iriam admirar.

Paulo mais Evaristo

Paulo recebeu o hábito franciscano em Rodeio, no dia 9 de dezembro de 1939, quando lhe deram o nome de frei Evaristo, que, segundo ele, foi uma homenagem a frei Evaristo Schürmann (†1939), vigário-geral da Arquidiocese de Florianópolis, a que pertencia então Forquilhinha.

No noviciado foi-nos comunicado de maneira muito singela e insistente: neste ano, todos devem ler e meditar sobre a Bíblia, desde a primeira até a última página. Se possível, consultem as notas e tomem como ideal de leitura o modo de São Francisco, isto é, não basta saber, é preciso saborear, interiorizar e celebrar a comunicação de Deus conosco. O segundo ponto realçado foi o estudo da vida de São Francisco, seus escritos, assim como o início da fundação da ordem franciscana no século treze e sua situação no século vinte. Durante todo o noviciado nos ensinaram os diversos métodos de contemplação e comunicação com Deus e o mundo, mas nos deixaram plena liberdade para nos expressarmos de acordo com a nossa vida e com nossas aspirações mais profundas.

Logo após o término do noviciado, nosso grupo partiu para Curitiba, onde íamos passar três anos estudando filosofia, lógica, metafísica, cosmologia, história da filosofia e tantas outras matérias que compõem o currículo filosófico do seminário. O primeiro e mais espinhoso passo foi cursar o Artigo 91 no ginásio estadual de Curitiba. Como os nossos estudos não eram então reconhecidos pelo governo brasileiro, os superiores escolheram alguns frades para tentarem prestar os exames da terceira, quarta e quinta séries, e assim obterem o título de formação média para estudos posteriores. Passávamos as férias inteiras estudando matemática, física, química e outras matérias que pouco nos haviam interessado no seminário e muito menos nos preocupavam na hora de nos formarmos em filosofia. O fato é que esses exames, aliás, bem superados, me facilitaram mais tarde a admissão à Universidade da

Sorbonne e abriram portas para a vida e para o respeito a todas as matérias que começaram a ser importantes para o Brasil a partir da última guerra.

Durante o tempo da teologia, em Petrópolis, em primeiro lugar devo realçar a formação extraordinária dos nossos professores do instituto teológico. De índole e culturas diversificadas, eles constituíam a equipe mais invejável que até agora encontrei em minha longa peregrinação de formador e aprendiz. Só na parte da teologia moral contávamos com dois professores, um formado em Roma e outro em Friburgo, na Alemanha. O que importava, porém, para mim, era o estudo bíblico que ansiosamente preparara durante os anos de formação filosófica e mesmo nos anos de seminário menor. Lá encontramos dois mestres, tão diversos quanto preparados para a matéria. Ambos não só eram excelentes professores, mas igualmente seguidores da palavra de Cristo no sentido mais estrito e profundo. Não posso esquecer o grande especialista em Duns Scotus e na história da imensa construção dogmática dentro da Igreja, frei Constantino Koser, pouco mais velho que seus próprios alunos. Outro tesouro que descobri em Petrópolis foi a maravilhosa biblioteca, aberta em todas as horas para os estudantes, e a coleção de mais de trezentas revistas que eram permutadas com as cinco que então se publicavam naquela cidade. Devo dizer que essas revistas ocuparam a maior parte do meu tempo e me abriram os horizontes para todas as lutas que o Evangelho deveria enfrentar no mundo inteiro. Tanto as guerras quanto a fome, tanto a injustiça social quanto a malandragem esparramada pelo universo, tudo isso era comentado nelas e proposto como grande desafio para a nossa existência de padres franciscanos.

Não posso, no entanto, esquecer o essencial: o instituto teológico de Petrópolis nos preparava para a ordenação e para a atividade franciscana em nossa terra. Lá fomos iniciados nas quatro ordens menores, que então se recebiam, como também no subdiaconato e no diaconato. Quanto a estas duas últimas ordens, devo confessar que elas me proporcionaram imensa satisfação e alegria.

Antes de nossa ordenação diaconal, ocorrida em 29 de novembro de 1944, o bispo de Niterói, Dom José Pereira Alves, nos disse em tom muito solene: "O diaconato sempre foi, para mim, a ordem mais importante e conferida com o maior entusiasmo, porque ela dá o sentido cristão ao sacerdócio e mesmo ao episcopado".

O que mais me impressionou, como é natural, foi a ordenação sacerdotal, que se deu em 30 de novembro de 1945, festa do Apóstolo Santo André. Por causa da guerra, só meu irmão padre, frei João Crisóstomo (†2002), e meu primo irmão, vigário da Penha no Rio de Janeiro, padre Luís Steiner, puderam representar a família em Petrópolis.

Celebrei a primeira missa no dia 23 de dezembro, junto às Irmãs Franciscanas do Alto da Serra, em Petrópolis, tendo como assistente e padrinho o superior da casa frei Ático Eyng, que era meu parente e tinha toda a sua família em minha terra, Forquilhinha. Passei esse longo tempo entre a ordenação e a primeira missa solene, em São Paulo, na Vila Clementino, onde fui orientando nas diversas cerimônias sacerdotais por um grande amigo, frei Honório Nacke (†1966).

Estudos especializados

Apesar dos festejos e de toda a unção que cerca o "primiciante", que passa as primeiras férias como padre junto à família, minha vida iria tomar um rumo totalmente inesperado. Mal cheguei de volta a Petrópolis, em fins de janeiro, recebi o telegrama do Provincial frei Ludovico Gomes de Castro (†1992), enviando-me a

Rio Negro para substituir, como professor de português, frei Vítor Wiltgen (†1958), acometido de enfarte.

Terminado o ano, retorna a Petrópolis para terminar a teologia.

No caminho de volta a Petrópolis, meu superior em São Paulo me surpreendeu, dizendo que eu devia preparar-me para estudos universitários, depois de terminar um ano de teologia em Petrópolis. Ofereceu-me espontaneamente a alternativa: "Você pode estudar ou na Sorbonne, em Paris, ou na Universidade de Oxford, na Inglaterra. Também deixo-lhe a escolha entre línguas clássicas e história e geografia". Respondi de imediato que preferia estudar em Paris, porque me parecia mais familiar e mais próxima, e também optava pelo estudo de línguas antigas, porque me possibilitaria a continuação das pesquisas na literatura dos primeiros séculos do cristianismo, a assim chamada Patrologia.
Em outubro de 1947 eu partia, num avião quadrimotor, levando trinta e nove horas para voar do Rio até Paris.

Em 2003, intermediei a publicação em italiano da tese doutoral de frei Evaristo. Os editores italianos me pediram para conseguir do cardeal Arns uma palavra de introdução que justificasse a publicação da tese 50 anos depois de defendida. Elaborei quatro perguntas para que Dom Paulo, a partir delas, escrevesse a tal introdução. Ele preferiu responder as perguntas. E os editores italianos acharam bom publicar as perguntas e as respostas. Transcrevo o texto original em português que, penso, ficou inédito em nossa língua, sem as perguntas. É rico e ilustrativo.

1 – Cada tese tem a sua história. Meu orientador, Pierre Courcelle, era considerado como dos mais exigentes da Sorbonne. Um colega

dele até me disse que ele parecia mais um alemão examinando as coisas do que um francês, que costuma perdoar algum desvio. De fato, assisti, durante dois anos, às preleções de Courcelle nos "Hautes Études" da Sorbonne. Ele passou a manifestar uma grande confiança, depois que examinou as minhas fichas, que eram redigidas semelhantemente às do meu professor de teologia em Petrópolis, frei Constantino Koser, mais tarde ministro-geral da Ordem Franciscana. Na véspera da defesa da tese, como era costume na Sorbonne, fiz a visita protocolar à família de Pierre Courcelle e saí encantado com a harmonia reinante entre todos os membros. Não posso dizer que ele me tenha ajudado de maneira extraordinária. Foi mais. Quase diria que trabalhamos como companheiros.

Com o professor Bayet não tive outro relacionamento senão o das aulas magníficas dele sobre o período clássico da literatura latina do século I.

Diversa foi a relação com Marrou. Ele havia escrito uma obra fundamental sobre Santo Agostinho e a decadência do Império Romano, e nos transmitia, com muita liberdade, as conclusões, nas aulas a que eu assistia por prazer e para completar o que poderia faltar na análise da cultura do século de ouro da Patrística (séculos III ao VI).

Cavallera era jesuíta aposentado e vivia em Toulouse, no sul da França. Com ele mantive uma grande amizade, porque era autor de dois volumes insuperáveis sobre São Jerônimo. Ele me fez o favor de ler toda a minha tese e corrigir – sempre com lápis – até as vírgulas que faltavam no texto. Foi sem dúvida um grande homem, que muito sofreu porque não pôde publicar tudo o que escreveu sobre São Jerônimo. Estávamos no tempo de Pio XII e da crítica à "Nouvelle Théologie", coleção dirigida especialmente pelos jesuítas e dominicanos.

Bischoff me recebeu com extrema delicadeza, até diria com grande amizade, no edifício em que trabalhavam os especialistas da edição do *Thesaurus Linguae Latinae*. Cedeu-me até uma sala e nunca se importava em me dar algumas explicações das centenas de palavras, cuja origem eu fui descobrir naquele insuperável acervo de notas sobre um dicionário. Chegou ao ponto de me brindar com alguns exemplares de cadernos que haviam desaparecido durante a guerra.

2 – É evidente que a "Nouvelle Théologie" e seus representantes mais destacados me entusiasmaram a ponto de a Patrologia, ou seja, o estudo do conteúdo da melhor teologia da antiguidade, me inspirar sempre, até ao dia de hoje. Lamentei, claro, a proibição que foi imposta a diversos representantes dessa corrente que acabou alimentando boa parte do Concílio Vaticano II.

Meu amor aos Padres deve-se em grande parte a esses mestres jesuítas e dominicanos que muito sofreram e perseveraram na Igreja e no estudo das grandes fontes cristãs.

Justamente os pobres, tão considerados nas assembleias latino-americanas de Medellín e Puebla (1968 e 1979), não foram esquecidos pelos luminares dos primeiros séculos. Estes me acompanharam na compreensão e na aplicação de tantos incentivos que nos transmitiram com entusiasmo.

3 – Além da influência que os jesuítas e dominicanos tiveram sobre a minha formação, devo dizer que tanto a Idade Média quanto o Vaticano II me enriqueceram com as pesquisas e as publicações em língua francesa e nos mais diversos países da Europa, além de, hoje em dia, no continente americano.

Atualmente, em todas as camadas do povo se lê a Bíblia com muito mais amor e realismo do que no passado.

4 – Muita coisa se esclareceu a respeito dos textos, de seu conteúdo e do relacionamento do povo entre si e, sobretudo, com o Deus

Onipotente que se revelou através de Jesus Cristo, particularmente nas edições sobre a responsabilidade dos cristãos na difusão do Evangelho.

Meu livro foi uma pobre contribuição no seguinte sentido: São Jerônimo criou um verdadeiro centro de estudos e difusão da Palavra de Deus, que produz os seus frutos até os nossos dias.

Não se explica o presente sem o passado, tão bem analisado e propagado pelos escritos de São Jerônimo. As teses acadêmicas costumam influenciar o povo simples como aquele que todos os dias entrava em contato com o arcebispo de São Paulo. Alegrou-me, no entanto, o fato de minha tese sempre de novo ser lembrada entre a classe média e também entre os evangelizadores de nossa gente que ama a Palavra de Deus tanto ou mais do que nós.

Aconteceu ainda que, depois de exatos 50 anos de meu doutoramento em Paris, me tenha chegado um pedido insistente de editora brasileira para traduzir por aqui a tese, no mesmo teor em que ela havia sido defendida na Sorbonne em 1953. Tal edição brasileira se esgotou mais rapidamente do que o próprio original francês. Acresce ainda o fato de uma Universidade paulista, dedicada à Comunicação através dos meios mais modernos, me pedir a licença de promover, por ocasião dos 50 anos da defesa da tese na França, uma festa particular em que se realçou a evolução dos escritos e a minha experiência nesse campo. Para tanto, convidaram um membro da Academia Brasileira de Letras, que é um dos maiores especialistas da língua portuguesa, para a análise da tese e sua importância nos dias de hoje. O professor e acadêmico Alfredo Bosi aceitou essa incumbência e conseguiu lotar o grande auditório da Universidade com jovens estudantes e professores, só para dar o conteúdo, sem mesmo proceder à crítica, de meu texto franco-brasileiro. Foi uma sessão memorável, que se assemelhou até a uma celebração da Palavra de Deus, num ambiente que costuma ser considerado agnóstico. O livro não só interessou pela originalidade da pesquisa, mas também pelo conteúdo e pela capacidade de São Jerônimo nos séculos IV e V.

Surpreendido com tal manifestação, perguntei ao Diretor da Faculdade de Comunicação Multimídia como poderia, um livro do passado, despertar tanto entusiasmo na hora presente. Respondeu-me ele: "Não é porque o autor é hoje cardeal-arcebispo da maior cidade do país, mas sim porque, sem o passado conhecido, não se explica nem a evolução nem mesmo a importância de tudo o que foi realizado com grandes sacrifícios antes de nós".

Além do doutorado em Letras na Sorbonne (a defesa de sua tese recebeu a nota máxima: *Très Honorable*), frei Evaristo completou curso de Pedagogia no Instituto de Pedagogia de Paris (1950-1952) e cursou Literatura Antiga no Instituto de Altos Estudos de Paris (1950-1952).

Retorna ao Seminário

O navio Andes, que o trouxe de volta ao Brasil, atracou no porto do Rio de Janeiro no dia 30 de junho de 1952. Frei Evaristo passou a segunda metade do ano no Convento Santo Antônio do Largo da Carioca. Só em fins de dezembro foi visitar a família. Na volta, recebeu a transferência para o Seminário de Agudos: seria prefeito da segunda ala. Prefeito naquele tempo significava o responsável de tudo entre os alunos da ala: cuidava da disciplina, do esporte, do estudo, da oração, da formação seminarística e franciscana. Eu estava lá, mas pertencia à primeira ala, cujo prefeito era frei Tadeu Hönnighausen (†1993).

Recorro ao meu livro de memórias, ainda inédito.

Páscoa de 1953. Pesava sobre frei Tadeu e frei Evaristo uma preocupação: havia surto de caxumba, que fora precedido de prolongada febre alta. Chegamos a ter 35 acamados, sobretudo entre os mais novos da segunda ala. Um dia até nem aula tivemos. A caxumba entrou semana santa adentro. Diariamente visitava o dormitório, vindo da cidade, o doutor Vicente Damante. Apesar disso, o Tríduo Sacro foi solene, com o Ofício das Trevas cantado e participado por todos. No sábado santo, eu enfeitara o altar-mor (ainda não *versus populum*) de cima abaixo com palmas vermelhas. Não era difícil, porque o teto não tinha grande altura, e a palma-de-santa-rita ocupa por si bom espaço. As palmas iam até o chão. Para mim eram as palmas da vitória pascal. Frei Tadeu elogiara o enfeite. Vários irmãos me disseram que o altar estava bem pascal. As velas festivas se misturavam às palmas. Sobre o fundo de veludo vermelho, havia aplicado, usando um lado e outro, e em harmonia com as flores, a frase: *Nescio falli!* Ainda que vivêssemos em tempo de latim, a possível tradução provocou muitos comentários. O veludo, as palmas, as velas (que no conjunto formavam uma coroa real), o frontal do altar, o tapete vermelho e largo que ia do altar à porta de entrada, tudo falava de vitória pascal. Na missa da Ressurreição, frei Tadeu tomou o *Nescio falli* como tema. E o traduziu por "Não conheço derrota", aplicando-o ao Cristo ressuscitado, com aquele entusiasmo viril e contagiante dos seus sermões litúrgicos. A frase deixara de ser enfeite para ser Páscoa.

Naquela tarde de Páscoa, doutor Damante visitara um por um dos acamados, a maioria da segunda ala, enquanto os outros faziam esporte. Doutor Damante voltou na segunda de Páscoa, que era feriado. Preferiu levar para o hospital o Reinaldo Munaretto, que morreu naquela noite, às 21h30 de meningite aguda. Tinha 17 anos e cursava o terceiro ginasial.

Eu já dormia, quando frei Tadeu me chamou, pediu que me vestisse e fosse para sua sala de prefeito. Me contou a morte do Reinaldo e a estratégia a seguir até o dia seguinte. Nenhum seminarista seria avisado. Fui com ele à capela e retiramos vaso por vaso, castiçal por castiçal, enfeite por enfeite. A capela ficou outra. Hoje não se faria isto, mas naquele tempo a rubrica exigia o altar despido para a missa exequial. Mas ficou o veludo vermelho de fundo e a frase *Nescio falli*. Então ajeitamos dois bancos para servir de cadafalso. Fechamos a capela. Voltei ao dormitório. Na manhã de terça, frei Tadeu acordou os seminaristas às cinco da manhã, avisando que se dirigissem à portaria para subirmos em procissão à capela. Todos obedeceram. Na portaria, ele e frei Evaristo deram o aviso e algumas explicações. Lembro como frei Tadeu foi genial ao aproximar o canto do *Regina Caeli*, que havíamos cantado na oração da noite, exatamente na hora da agonia do Reinaldo. E começamos a cantar à espera do nosso seminarista morto. Os alunos do terceiro ano levaram o caixão, forrado de branco, à capela. Frei Evaristo manteve a mão sobre o caixão ao longo de todo o trajeto. Reinaldo tinha um irmão mais velho do que ele, o Dalvino, também seminarista em Agudos.

Reinaldo inaugurou o cemitério do Seminário/convento. Durante o dia frei Ludovico Gomes de Castro, vice-provincial, cuidou de todas as licenças. Foi ele que celebrou a cerimônia do enterro, com persistentes lágrimas e rosto pesado, que nos fazia chorar a todos. A partir desse dia, tínhamos mais um lugar sagrado a visitar. Não recordo quantos dias ainda ficaram acamados os outros seminaristas. Mas lembro bem o cuidado paternal tanto de frei Tadeu quanto de frei Evaristo em permanecer muito perto dos seminaristas para que tudo entrasse novamente na normalidade. Foi nesse ano que aprendi que morte e Páscoa são trilhos da mesma estrada, um necessitado do outro.

Outro transtorno aconteceu no segundo semestre. Frei Vitor adoeceu gravemente e não pôde mais dar aulas. Retirou-se para São Paulo. Houve remanejamento de professores. Frei Evaristo deixou a prefeitura para assumir as aulas de literatura e de português. Para cuidar da segunda ala e assumir algumas aulas chegaram de Petrópolis provisoriamente dois padres novos: frei Simão Voigt (†2002) e frei João da Cruz Schumacher.

Para nós do sexto ano, frei Evaristo passou a dar português e literatura (brasileira, portuguesa, francesa e latina). A portuguesa e brasileira, tínhamos estudado no primeiro semestre. Frei Evaristo não deve ter tido nenhuma dificuldade em nos passar a latina e a francesa, porque era especialista em ambas e tinha excelente didática. Meu hábito de leitor e de crítico das leituras que fazia me ajudou muito a crescer no gosto pela literatura. Mais tarde, na Universidade, vi o altíssimo grau em que estava em Agudos o estudo das literaturas. Não só líamos, mas aprendíamos a ler com critério e a comentar a leitura feita. Foi em Agudos que aprendi a distinguir o romântico do simbolista, o realista do bucólico, o moderno do parnasiano, o oratório do histórico. Foi em Agudos que aprendi que na prosa pode haver muita poesia, e a poesia pode se aninhar belamente dentro da prosa. Foi nesse semestre que li todos os sermões do Papa Leão Magno, procurando conscientemente descobrir a beleza poética de suas frases latinas.

Ainda com referência a frei Evaristo em Agudos, tenho outra lembrança. Acho que posso contar. O fato me envaideceu demais. Por altura de setembro de 1954, frei Evaristo tinha terminado de traduzir do francês um livro grosso de um de seus professores na Sorbonne: *História literária das grandes invasões germânicas*, de Pierre Courcelle. Me deu o datiloscrito para corrigir, pedindo prestar atenção sobretudo aos francesismos inaceitáveis. Li com interesse e, de fato, corrigi muitos francesismos, sobretudo o uso do pretérito mais-que-perfeito composto (a língua francesa não tem o simples). Para surpresa minha e orgulho positivo, ele elogiou meu trabalho e, em dezembro, me dispensou de fazer a prova escrita de literatura, dando-me a nota dez. Privilégio? O fato é que aprendi muito com a leitura daquele pesado calhamaço, que foi publicado em 1955 pela Vozes.

Uma última lembrança de seminarista de Agudos: estávamos em plenas provas. Assim mesmo frei Tadeu organizou um tríduo, envolvendo todos os seminaristas e frades. Na segunda-feira, dia 6 de dezembro, às 18h, na escadaria da entrada que dá para o atual Museu (então era capela), representamos um auto mariano, com declamações e cantos, estando todos os seminaristas em roupas de domingo. Coube a mim a escolha e a montagem do auto. Incentivado por outros colegas, sobretudo pelo José Luís Prim, Aquilino Nogara, Alécio Broering, que compunham a pequena comissão, resolvi escrever o auto inteiro, baseado no canto do *Tota Pulchra*. Foi escrito, revisto por frei Evaristo, ensaiado e apresentado. O José Luís adaptou todos os cantos ao mesmo temário. Foi uma hora belíssima. Saí perdendo. Perdi para sempre o texto do auto. Frei Evaristo o pediu emprestado, porque queria fazer uma cópia. Ele estava admirado com que os seminaristas eram capazes de fazer em tempo de provas e, portanto, de pouquíssimo tempo. Acontece que pouco depois parti para o Noviciado e frei Evaristo foi transferido para Petrópolis. E ele queimou papéis sem hesitação, queimando inclusive o original de seu diploma na Sorbonne.

Durante esse tempo de Agudos, frei Evaristo se envolveu com a Faculdade do Sagrado Coração de Jesus, de Bauru, criando a cadeira de língua e literatura francesas. E se envolveu também com os programas da CADES – Campanha de Aperfeiçoamento do Ensino Secundário.

Mestre e professor de Patrologia

Reencontrei frei Evaristo em Petrópolis a partir de janeiro de 1958, como mestre e professor de Patrística e Liturgia. Foi ele quem me ensinou a celebrar a missa. Lembro-me de que para a matéria dele escrevi: *O uso das preposições nas cartas de São Cipriano*. E recordo muito bem o dia em que levei a ele o convite para ser o paraninfo de todas as turmas que se formariam (eram as primeiras) na nova Universidade Católica de Petrópolis. Lá ele lecionava Didática e sua escolha foi unânime, inclusive a turma de Direito. Tenho o texto, bastante calcado na literatura francesa.

Era ele também quem controlava nossa pouca pastoral, que se resumia em catequese em algumas escolas. Ele tinha outras atividades, como redator da *Sponsa Christi*, hoje *Grande Sinal*, capelão do bairro do Itamaraty, pertencente à paróquia da Catedral. No meu último ano de estudante em Petrópolis, ele foi eleito vice-provincial (naquele tempo se dizia Padre Custódio). Pelas muitas novas tarefas, deixou de ser mestre, mas continuou como professor.

Preciso dizer que ele foi um dos responsáveis pela rápida tradução dos dezesseis documentos do Concílio e sua publicação na Editora Vozes, antes que as editoras de outros Continentes o fizessem. A Vozes publicou os documentos em três formatos: na coleção *Documentos Pontifícios*, um após o outro, em formato de bolso e a preço bem popular; em formato americano, texto bilíngue, considerando que todos os padres, muitos religiosos e numerosos professores de colégio dominavam o latim e, com o texto bilíngue na frente, podiam degustar melhor o sentido das frases; e ainda num único volume, com o extraordinário e inigualável índice sistemático organizado por frei Boaventura Kloppenburg, certamente o teólogo brasileiro que mais fundo mergulhou na novidade oceânica do Concílio. Já com os textos traduzidos nas mãos, os bispos puderam organizar semanas de estudos nas dioceses e conferências explicativas e de introdução nas novas pastorais, brotadas de uma definição de Igreja. Eu atribuo à rapidez da tradução dos documentos o fato de todas as dioceses do Brasil terem abraçado o Concílio sem maiores obstáculos. E essa rapidez se deve a três frades: frei Boaventura Kloppenburg (†2009), frei Frederico Vier (†1974) e frei Evaristo Arns (†2016). Aos três devemos também a segurança e a honra de a Vozes ter publicado, bem antes de editoras europeias, grossos volumes de estudos e comentários teológicos e pastorais sobre os principais documentos: *Sacrosanctum Concilium, Lumen Gentium, Gaudium et Spes.*

Para o volume sobre a Sagrada Liturgia, frei Evaristo colaborou com o estudo intitulado *A Liturgia, preocupação central da teologia e da pastoral* (27 páginas).

Bispo auxiliar em São Paulo

Fui reencontrá-lo em Petrópolis em janeiro de 1966, ele ainda como professor e vice-provincial e eu, novo redator da *Revista de Cultura Vozes*. Logo depois da Páscoa ele viajou a Roma como membro de uma Comissão internacional de Frades que devia adaptar as Constituições da Ordem às determinações do Concílio Vaticano II. E foi lá, na Cúria Geral, no dia 2 de maio de 1966, que o alcançou a determinação da Santa Sé: ser bispo auxiliar de São Paulo, onde era arcebispo o cardeal Rossi. A nomeação saiu publicada no dia 10 e ele retornou imediatamente ao Brasil, apresentando-se a Dom Agnelo Rossi, que foi a Forquilhinha ordená-lo bispo no dia 3 de julho: "Num dia todo nublado e sem luz elétrica funcionando, a pequena cidade de Forquilhinha se enfeitou para receber o primeiro bispo ali nascido". Ainda em Forquilhinha soube pelo cardeal Rossi que seria auxiliar na região norte de São Paulo.

Pinço apenas algumas informações. Tomou posse na Igreja Matriz de Santana no dia 24 de julho de 1966.

As religiosas nunca me decepcionaram na região norte de São Paulo, porque sua generosidade sempre excedeu minhas expectativas. A experiência com os padres foi ainda mais interessante e certamente mais produtiva para o futuro daquela área da cidade. Até aquele momento eles estavam divididos em três setores pastorais que dentro em pouco iriam tornar-se cinco. A primeira reunião dos padres foi marcada para o dia 13 de setembro, véspera do meu aniversário de quarenta e cinco anos. Fiz breve exposição sobre como trabalhar com a juventude, sem imaginar que minhas reflexões, tão simples, fossem provocar uma primeira revolução no clero pacífico da região norte. Os setenta padres seguiram com imenso interesse a minha exposição e, no final dela, levantaram as questões mais sérias e as dificuldades mais contundentes. Em primeiro lugar era preciso que eu visitasse todas as escolas para reanimar o professorado e interessar os alunos em seus estudos presentes e futuros. Prometi fazê-lo aos poucos, a partir das indicações dos próprios vigários. A reunião movimentada de setembro provocou novas reuniões nos meses seguintes e, sobretudo, me proporcionou tamanha aceitação por parte do clero, que eu decidi visitar cada padre para cumprimentá-los e lhes levar uma garrafa de vinho. Só depois é que entrou em minha mente e em meu coração a ideia fundamental de cultivar essas visitas o mais possível e nas ocasiões mais favoráveis, ou mais críticas, de cada um de meus colegas padres.

Estabelecemos um programa com nove pontos fundamentais para incentivar as pastorais e unir mais as paróquias, onde muitas vezes os movimentos dividiam mais do que uniam. Formamos uma grande família, onde poucos se sentiam excluídos e cuja intenção era não deixar ninguém à margem ou em condição de lutador isolado.

Em fevereiro de 1969 acompanhou um grupo de leigos e religiosos numa missão de mês inteiro no então Território de Roraima. Em setembro esteve no México. Já em 1967 foi eleito responsável pelo setor de Educação da CNBB. E em 1968 foi nomeado pelo Vaticano membro do Secretariado para os não crentes, cargo que ocupou até 1983.

Em Santana começou trabalho orgânico e integrado com padres, religiosos e leigos, preocupado com a formação permanente do clero e do povo. Criou a "Missão do Povo de Deus", passando um tempo em cada paróquia da região com uma equipe para multiplicar os ensinos do Concílio Ecumênico Vaticano II. Dessa missão, surgiram Ministros da Palavra que levaram a "Semana da Palavra", em oito etapas, para as ruas da Arquidiocese, evangelizando a cidade, formando comunidades eclesiais de base (Cebs) e multiplicando grupos de rua.

> Ao chegar à região norte de São Paulo verifiquei, de imediato, que a maior casa de detenção do Brasil e talvez também a maior penitenciária, ambas situadas no bairro Carandiru, se encontravam ali. Habituei-me de tal maneira às visitas à penitenciária que todas as semanas eu me oferecia para celebrar a Eucaristia junto às irmãs encarregadas do presídio feminino e comparecia ao menos uma vez por mês para visitar os presos. Tanto o diretor quanto os demais funcionários sempre me acolheram com muita distinção, facilitando o contato necessário com os internos.

Por falar em prisão, Dom Paulo se envolveu também no episódio da troca de prisioneiros pelo embaixador suíço, que fora sequestrado. Entre os "trocados" estavam a Madre Marina Borges e um frade dominicano. E foi no tempo de bispo da zona norte que o cardeal Rossi o mandou ver os dominicanos presos no DOPS, torturados, de cuja tortura Rossi não quis tomar conhecimento, porque tivera informação de militares amigos que lhe garantiram que os jovens clérigos nada estavam sofrendo.

Os tempos da ditadura estavam pesados. Inesperadamente o Papa Paulo VI nomeou o cardeal Rossi presidente da Congregação para a Evangelização dos povos, no Vaticano. E Dom Paulo Evaristo, no dia 22 de outubro de 1970, foi nomeado arcebispo de São Paulo.

Arcebispo de São Paulo

Impossível resumir o trabalho de Dom Paulo na Arquidiocese de São Paulo. Seus programas pastorais e suas exigências, seu modo de pastorear uma cidade formigueiro num tempo de ditadura militar e num tempo de novas balizas plantadas pelo Concílio Vaticano II, trabalhar harmoniosamente com dez bispos auxiliares é assunto para pesquisadores e muitas teses acadêmicas. Bem disse o Papa Francisco ao saber da morte de Dom Paulo: "Intrépido pastor, que no seu ministério eclesial se revelou autêntica testemunha do Evangelho no meio do seu povo, a todos apontando a senda da verdade, da caridade e do serviço à comunidade em permanente atenção pelos mais desfavorecidos. Dou graças ao Senhor por ter dado à Igreja tão generoso pastor".

Escolhi um caminho fácil para este necrológio: vou arrolar depoimentos, dados oficiais fornecidos pela Arquidiocese, algumas honrarias (que provam o quanto seu trabalho repercutia mundo afora), sua bibliografia e as biografias escritas até hoje. O primeiro depoimento é do cardeal Geraldo Majella, hoje arcebispo emérito de Salvador, que no início dos trabalhos de Dom Paulo como arcebispo era o coordenador-geral da pastoral em São Paulo.

Organizado, preciso e determinado

Com frequência saímos ainda cedo de casa para visitar os sacerdotes. Chegávamos de surpresa; eu deixava Dom Paulo com o padre para ficarem bem à vontade. Ele procurava saber como ele estava, gostava de conhecer a casa, as instalações, como ele vivia, às vezes olhava até a geladeira. Se chegasse a hora do almoço, almoçávamos com ele. Era muito bom, criava uma comunhão maior com o sacerdote, ele se sentia mais amigo, mais próximo.

Dom Paulo foi um grande pastor, sempre voltado para os mais carentes e necessitados, defensor dos Direitos Humanos, criou a Comissão de Justiça e Paz. Esteve muito presente nas diversas situações políticas e econômicas de São Paulo.

Era respeitado mesmo por aqueles que não professavam a mesma fé. Ele tinha bom relacionamento não só com os bispos auxiliares, mas também com o Regional. Gostava de trocar ideias com os bispos auxiliares e também com os da Província.

Muitas vezes acompanhei Dom Paulo a encontros com autoridades. Durante a ditadura eu participei muito da vida de Dom Paulo, ele era corajoso, enfrentava autoridades em defesa dos perseguidos e ameaçados. Ele sempre dizia aos padres: "Vocês nunca façam denúncia de ouvir falar, mas façam com dados concretos. Lugar, hora, nomes".

Foi um tempo difícil, mas muito rico em amadurecimento espiritual. Dom Paulo era muito pontual nos horários como bom descendente de alemão. Era metódico, organizado, preciso e determinado.

Ele foi o mediador entre o presidente do Unicef e a Igreja no Brasil para a implantação da Pastoral da Criança. Em uma reunião em Genebra foi feita a proposta a Dom Paulo de uma experiência nova de reidratação oral com soro caseiro para diminuir a mortalidade infantil no Brasil. Ele disse que para uma experiência-piloto seria bom uma Diocese menor, e pensou na Arquidiocese de Londrina, porque me conhecia e eu estava para assumi-la como segundo arcebispo. Na ocasião não se falava de Pastoral, mas sim de uma ação de saúde. Para implantar esse trabalho precisava de uma pessoa da saúde; foi quando Dra. Zilda, irmã de Dom Paulo, se interessou pela proposta e foi liberada pela Secretaria de Saúde do estado do Paraná para assumir o trabalho e implementar com as demais ações. Eu achei que era o caso de criarmos uma Pastoral com espiritualidade própria. Como era um trabalho voluntário e empenhado, era necessária uma espiritualidade para motivar e sustentar a liderança. Assim nasceu a Pastoral da Criança.

Dom Paulo era verdadeiramente um homem de Deus, vivia a espiritualidade franciscana. Ele certamente chegou com as mãos cheias de boas obras, realizadas em favor dos pequenos e indefesos diante de Deus.

Parecido ao apóstolo Paulo

Encontrei um depoimento de Dom Luciano Mendes de Almeida, que foi seu bispo auxiliar, depois arcebispo de Mariana, secretário-geral e presidente da CNBB, um bispo que todos gostaríamos que fosse canonizado como modelo de pastor:

Sua vida, fortalecida pela fé em Jesus Cristo, crescia na esperança e deu-nos sempre exemplo de coragem. Seu olhar estava voltado para construir a justiça e a paz, marcas do Reino de Deus. Sua incansável ação pastoral organizou planos de evangelização, criou novas comunidades nas periferias, promoveu a formação do clero, religiosas e leigos. Desenvolveu o trabalho vocacional, fomentou o diálogo ecumênico e inter-religioso, incentivou as pastorais familiar, de juventude e do mundo operário. Voltou sua atenção para as favelas e cortiços, o menor desamparado, a mulher marginalizada, as prisões e o povo da rua. Temos a impressão de estarmos diante do Apóstolo Paulo, do qual recebeu o nome: "Fiz-me tudo para todos" (1Cor 10,22).

Fiel discípulo de Jesus

Outro bispo auxiliar, depois primeiro bispo de Blumenau, Dom Angélico Sândalo Bernardino:

Dom Paulo foi fiel discípulo de Jesus, centralizou no Senhor sua vida, fazendo-se servidor de todos. Homem de profunda vida de oração, servidor da verdade, da justiça, da liberdade. Pobre, filho de Francisco de Assis, governou a Arquidiocese levando-nos a intensa participação. Colocou seu ministério a serviço de todos, com evangélica predileção pelos pobres, presos, sofredores, fazendo "cara dura como pedra" (Is 50,7) em sua defesa. Conheceu perseguições dos poderosos deste mundo, sentindo dor maior diante de incompreensões e pressões advindas de irmãos na família eclesial. Paulo Evaristo ama a justiça, a misericórdia e a fidelidade. Filho dedicado da Igreja, Dom Paulo foi apóstolo da comunhão, da adulta colegialidade episcopal, nutrindo grande veneração, respeito pelo Papa, pelos colegas bispos e presbíteros. Amou seu povo e por ele se entregou.

Homem sábio

Dom Antônio Celso de Queiroz, que foi seu bispo auxiliar e, depois, primeiro bispo de Catanduva, SP, disse na missa exequial, que celebrou no dia 16 de dezembro:

A primeira impressão que a gente tinha era de homem sábio. Um homem que sabia de onde vinha e para onde ia. Não estava aqui simplesmente para representar um papel, mas estava aqui para cumprir uma missão. E como objetivo dessa missão estava sempre o povo de Deus. Sobretudo, sua parte mais pobre. Que bom que depois dele veio para nós – não só de São Paulo, mas de todo o mundo – um Papa de perfil semelhante. Um Papa também que sabe que está aqui para cumprir uma grande missão no mundo de hoje – no século XXI – e, sobretudo, tendo como objetivo resgatar o pobre, o abandonado e o deixado de lado.

Não precisava falar de Deus para dizer que estava realizando sua missão de pastor. Dom Paulo é conhecido como aquele que transmitia esperança. Foi assim que eu o conheci. Estava em uma roda de uma assembleia – era padre ainda – e nós falávamos sobre a esperança, comentando a Epístola aos Romanos. E Dom Paulo passou por perto e perguntou: "Vocês estão falando sobre a Esperança?". "Estamos." "Coloquem num papel as principais ideias..." Não que ele aprendeu ali, mas ele viu que batia um pensamento parecido com o dele. E foi assim que nós começamos a conversar, sobre a esperança. Foi assim que um dia nós longamente conversamos sobre um autor francês que escreveu muito sobre a Esperança. Ele deixou para nós aquela comparação belíssima, "a Esperança é irmã da Fé e irmã da Caridade". São as três irmãs moças. Uma mais idosa, com mais juízo, é a Fé; outra mais ardorosa, é a Caridade; e a terceira, Dom Paulo faz brotar em nós essa terceira irmã, mais difícil porque é menor. Dizia esse autor francês: "A Esperança é a menininha irrequieta que nasceu em cada último Natal". Que bela comparação! A pequena luz então, essa Esperança, é tudo aquilo que nós desejamos, é tudo aquilo que Dom Paulo hoje possui.

Franciscana simplicidade

O atual arcebispo de São Paulo, cardeal Odilo Scherer, disse na homilia da missa de sepultamento:

A esperança, unida à fé inabalável, deu-lhe a sabedoria dos humildes, capaz de reconhecer o valor, a dignidade e a beleza de cada criatura, especialmente de cada pessoa humana; deu-lhe franciscana simplicidade para reconhecer o valor justo de cada criatura, o desapego dos bens materiais, a alegria da fraternidade, a coragem e o vigor dos profetas para denunciar os males que ofendem e humilham a dignidade das pessoas e do convívio social.

Animado pela fé, esperança e amor, Dom Paulo serviu a Arquidiocese de São Paulo como arcebispo por quase 28 anos, até à sua renúncia, em 15 de abril de 1998. Sua dedicação à Igreja e ao povo de São Paulo foi imensa. Tratou de implementar as diretrizes do Concílio Vaticano II e de promover eficazmente a evangelização, o testemunho e a presença da Igreja nesta imensa metrópole. Ampliou as estruturas eclesiais, religiosas e assistenciais nas extensas periferias pobres da cidade, traduzindo em novas práticas pastorais as decisões e ensinamentos do Concílio. O povo humilde, pobre e sofrido mereceu o melhor de suas atenções de Pastor.

Em nome da mesma esperança cristã, também promoveu a justiça social, em sintonia com a Doutrina Social da Igreja; empenhou-se na renovação da vida social, cultural e política do país, em tempos difíceis de cerceamento das liberdades democráticas, de política e de graves violações da dignidade humana e dos direitos da perseguição da pessoa. Dom Paulo empenhou-se pessoalmente, mediando a solução de conflitos de muitas pessoas feridas no corpo ou na sua alma dando amparo, coragem, confiança e dignidade, ou que lutavam por um Brasil livre e democrático.

Movido pela esperança cristã, Dom Paulo continuou firme na promoção daquilo que a fé ensina e o amor exige; e também animou a comunidade arquidiocesana e a sociedade inteira a caminhar e agir na mesma esperança. Com sua vida testemunhou que a Igreja de Cristo não deve esmorecer no anúncio do Evangelho, mesmo quando ela precisa ir contra os poderes e a cultura dominante; mesmo quando os frutos não aparecem imediatamente, ou quando isso cobra o preço da perseguição.

A exemplo de Jesus, Bom Pastor, Dom Paulo entregou, de maneira corajosa e abnegada, a sua vida pelo rebanho de Deus, que lhe fora confiado. Esteve próximo do povo, dedicou-se às ovelhas mais necessitadas de amparo, conduziu-as pelos caminhos seguros do Evangelho, defendeu-as contra ladrões e lobos e expôs a perigos a própria vida, por amor ao rebanho.

Dados pessoais, formação e atividades

* Nascimento: 14.09.1921 (95 anos de idade), em Forquilhinha, SC.

* Admissão ao Noviciado: 09.12.1939, em Rodeio, SC.

* Primeira Profissão: 10.12.1940 (76 anos de Vida Franciscana).

* Profissão Solene: 10.12.1943.

* Ordenação Presbiteral: 30.11.1945 (71 anos de Sacerdócio).

- 1941-1943 – Curitiba – estudos de Filosofia.
- 1944-1946 – Petrópolis – estudos de Teologia.
- 24.10.1947 – Estudos na Universidade Sorbonne, Letras, em Paris.
- 28.01.1953 – Agudos – reitor, professor do Seminário e da Faculdade de Bauru.
- 28.01.1956 – Petrópolis – professor de Teologia e mestre dos frades estudantes.
- 12.01.1962 – eleito vigário provincial.
- 10.05.1966 – nomeado bispo auxiliar de São Paulo.
- 03.07.1966 – ordenação episcopal em Forquilhinha, SC.
- abril de 1968 – nomeado membro do secretariado dos não crentes, do Vaticano.
- 22.10.1970 – nomeado arcebispo metropolitano de São Paulo. Posse em 01.11.1970.
- 02.02.1973 – nomeado cardeal da Igreja. Recebeu o chapéu cardinalício das mãos do Papa Paulo VI, em Roma, no dia 05.03.1973.
- 1974 – Participou do Sínodo Mundial dos Bispos sobre Evangelização, em Roma.
- 1974-1988 – Nomeado membro da Sagrada Congregação para os Sacramentos e Culto Divino.
- 1979 – Participou como delegado brasileiro da Assembleia de Puebla.
- 1983 – Eleito membro do Secretariado do Sínodo Mundial dos Bispos. O mandato expirou em 1987.

- 1992 (outubro) – Participou da quarta Assembleia dos Bispos Latino-Americanos, em Santo Domingo.
- 23.05.1998 – tornou-se arcebispo emérito da cidade de São Paulo.

Atividades do arcebispo

Os dados que transcrevo a seguir foram organizados por Maria Ângela Borsoi, a fiel e inteligente secretária de Dom Paulo Evaristo por mais de quarenta anos, que nos passou a pedido de Dom Paulo, quando ele se mudou do Jardim Guapira para Taboão da Serra. Mas eles estão também no Google, embora de forma um tanto confusa.

1970-1975

- Quinto arcebispo metropolitano de São Paulo, nomeação em 22.10.70 e posse em 01.11.70.
- Grão-chanceler da Pontifícia Universidade Católica de São Paulo (PUC), 01.11.70 a 22.05.98.
- Grão-chanceler da Faculdade de Teologia Nossa Senhora da Assunção, 01.11.70 a 22.05.98.
- Presidente do Amparo Maternal, maternidade mantida pela Arquidiocese de São Paulo para acolher as mães carentes e/ou solteiras que não são assistidas por nenhum tipo de previdência social pública ou privada – 1970 a 1998.
- Presidente da Regional Sul-1 da Conferência Nacional dos Bispos do Brasil (CNBB) – 1971-1975.

- Em janeiro de 1971, denunciou a prisão e tortura de dois agentes de pastoral, o padre Giulio Vicini e a leiga Yara Spadini.

- Apoiou Dom Helder Câmara e Dom Waldyr Calheiros que estavam sendo pressionados pelo regime militar.

- *O São Paulo*, semanário arquidiocesano, começa a avaliar, em 1971, a relação da Igreja com o Estado e sofre prolongada censura.

- Em 1972, como presidente do Regional Sul-1 da CNBB, reuniu todos os bispos do estado de São Paulo em Brodosqui, publicando, a seguir, o primeiro dos documentos contundentes da Igreja sobre os direitos humanos, *Testemunho de Paz*, com grande repercussão.

- Em 1972 lançou a "Operação Periferia" para servir as áreas mais carentes da cidade de São Paulo.

- Criou a Comissão Justiça e Paz da Arquidiocese, que patrocinou, entre tantas iniciativas, a publicação do livro *Meu depoimento sobre o Esquadrão da Morte*, de Hélio Bicudo.

- Em 05.03.73 ocorreu sua investidura como terceiro cardeal de São Paulo, em Roma, nomeado pelo Papa Paulo VI.

- Deixou o Palácio Pio XII em 1973 para morar em casa simples no bairro do Sumaré. Os US$ 5 milhões da venda do palácio foram aplicados na construção de 1.200 centros comunitários na periferia da cidade.

- Presidiu, na Catedral, em 30.03.73, a "Celebração da Esperança" em memória do estudante universitário Alexandre

Vannucchi Leme, torturado e morto pelo regime militar no cárcere.

- Em 1973 assumiu como Igreja-irmã a prelazia de Itacoatiara, no Amazonas, enviando padres, irmãs e agentes de educação para desenvolver projetos com as comunidades predominantemente indígenas da região.

- Realizou, em novembro de 1973, a "Semana da Paz na Terra", para a defesa dos Direitos Humanos.

- Sofreu a perempção da rádio da Arquidiocese, a Rádio Nove de Julho, por decreto assinado pelo Presidente Médici em 01.11.73, apesar de os próprios órgãos governamentais haverem elogiado, poucos dias antes, os relatórios enviados e o desempenho técnico da rádio.

- Em 26.10.73, na antiga Cúria Metropolitana na Praça Clóvis Beviláqua, centro de São Paulo, participou, juntamente com o reverendo Jaime Wright, do lançamento da 1ª edição do folheto ecumênico sobre a Declaração Universal dos Direitos Humanos, publicado pela Coordenadoria Ecumênica de Serviço (CESE).

- Participou do Sínodo Mundial dos Bispos sobre Evangelização, em Roma – 1974.

- Membro da Sagrada Congregação para os Sacramentos e o Culto Divino – 1974-1988.

- Acompanhado de familiares de presos políticos, foi a Brasília em 1974 para encontro com o general Golbery do Couto e Silva, quando apresentou dossiê sobre 22 casos de desaparecimentos.

1975-1980

- Em 1975 começou nova etapa arquidiocesana, obtendo da Santa Sé a nomeação de quatro novos bispos auxiliares: Dom Joel Catapan, Dom Angélico Bernardino, Dom Francisco Vieira e Dom Mauro Morelli, formando o Colégio Episcopal e influenciando decididamente na pastoral com a regionalização mais bem estruturada.

- Presidiu a Assembleia Arquidiocesana em novembro de 1975, que aprovou as quatro prioridades de seu 1º Plano de Pastoral: CEBs, Periferia, Mundo do Trabalho e Direitos Humanos.

- Constituiu e aprovou a Comissão Arquidiocesana de Pastoral dos Direitos Humanos e Marginalizados.

- Começa a fazer apelos em prol da anistia.

- Em 1975 participou do Colóquio Internacional e Inter-religioso realizado em Bellagio (Itália), com o tema: *Fome e alimentos para o futuro do mundo.*

- Presidente da Regional Sul-1 da CNBB: 2º mandato – 1975-1979.

- Celebrou em 31.10.75, na Catedral da Sé, o histórico culto ecumênico em memória de Wladimir Herzog, jornalista morto na tortura dos porões da ditadura militar.

- Com o episcopado do estado de São Paulo lançou, em novembro de 1975, a declaração *Não oprimas teu irmão*, que reiterava a denúncia e a condenação da tortura.

- Recebeu dois bispos para a Arquidiocese em 1976: Dom Antônio Celso Queiroz e Dom Luciano Mendes de Almeida.

- Juntamente com Adolfo Pérez Esquivel, tomou medidas práticas em favor das vítimas da "guerra suja" na Argentina, a partir do golpe militar de 1976 naquele país.

- Empossado como jornalista militante pela ABI (Associação Brasileira de Imprensa) em São Paulo, em 30.05.76.

- Recebeu, juntamente com o presidente norte-americano Jimmy Carter, título de Doutor *honoris causa* em Direito, da Universidade de Notre Dame, Indiana, USA, 1977.

- A PUC foi invadida pela polícia comandada pelo coronel Erasmo Dias, com enormes prejuízos pessoais e materiais.

- Participou, em 1977, do Colóquio Internacional e Inter-religioso realizado em Lisboa, com o tema *A nova ordem econômica e as religiões*.

- Defendeu Dom Pedro Casaldáliga, ameaçado de expulsão do país.

- Apoiou a Ato da Penha, 18.09.77, em solidariedade aos perseguidos pela ditadura, organizado por 20 entidades laicas, que produziram o documento *Epístola dos leigos pela justiça e libertação*.

- Visitou o Paraguai em 1977 para conhecer o trabalho do Comitê Ecumênico de Igrejas, tornando-se o 1º cardeal a visitar aquele país.

- Cedeu uma sala da cúria metropolitana, em 1977, para o Alto Comissariado das Nações Unidas para Refugiados (ACNUR), a fim de atender ao crescente fluxo de refugiados políticos vindos de países vizinhos no Cone Sul (Argentina, Chile e Uruguai, principalmente) onde a repressão militar era pior que no Brasil.

- Organizou a Comissão de Ecumenismo e Diálogo Inter-religioso (CEDRA) em 05.10.77.
- Deu início ao curso de bacharelado em teologia para leigos, em 1978.
- Apoiou em 1978 o movimento "Custo de Vida".
- Apoiou, em junho de 1978, a organização Clamor – Comitê de Defesa dos Direitos Humanos no Cone Sul.
- Realizou em 1978, com a Comissão Arquidiocesana de Pastoral dos Direitos Humanos e Marginalizados, a Semana dos Direitos Humanos, no Teatro da Universidade Católica (TUCA), sob ameaças do secretário de Segurança Pública.
- Participou, em novembro de 1978, como um dos principais palestrantes, do Simpósio Internacional sobre Direitos Humanos, organizado pela Vicaría de la Solidaridad, da Arquidiocese de Santiago, Chile.
- Em dezembro de 1978, lançou a cartilha *Humildes contra a violência*, preparada pela Comissão Arquidiocesana de Pastoral dos Direitos Humanos e Marginalizados.
- Durante esse ano, reuniu-se várias vezes com juízes e promotores públicos para discutir a aplicação da Justiça na linha dos direitos humanos.
- Encontrou-se com o presidente Jimmy Carter, no Rio de Janeiro, em 30.03.78.
- Em companhia de Dom Tomás Balduíno, bispo de Goiás, pediu ao CEDI (Centro Ecumênico de Documentação e Informação), e este elaborou, em dezembro de 1978, o documento *Repressão na Igreja do Brasil, reflexo de uma situação de opressão*, com ampla divulgação.

- Apoiou a Comissão Arquidiocesana de Pastoral dos Direitos Humanos e Marginalizados em sua ajuda à greve dos metalúrgicos do ABC, que foi marcada pela morte, em 30.10.79, do operário Santo Dias da Silva, agente de pastoral da Arquidiocese de São Paulo, atingido por bala de policial. O enterro de Santo Dias foi presidido por Dom Paulo, apoiado por grande manifestação popular nas ruas do centro de São Paulo.

- Em julho de 1979, com o comparecimento maciço da mídia, Dom Paulo deu entrevista em que anunciava que o Comitê de Defesa dos Direitos Humanos nos Países do Cone Sul (CLAMOR) havia localizado em Valparaíso, Chile, as crianças Anatole e Vicky, o que prenunciava a localização posterior, pelas Avós da Praça de Maio, de mais de 50 crianças, cujas mães tinham sido exterminadas pela repressão na Argentina.

- Participou, em 1979, da 3ª Assembleia dos Bispos Latino-Americanos (CELAM), em Puebla, México.

- Em 04.09.79 fez pronunciamento em culto ecumênico em solidariedade ao povo argentino.

1980-1984

- Defendeu líderes sindicais operários nas greves de 1980.

- Com o estímulo do Grão-chanceler, os estudantes, professores e funcionários da PUC-SP realizaram a 1ª eleição para escolha do reitor da universidade.

- Acolheu, em fevereiro de 1980, a 4ª Conferência da Associação Ecumênica de Teólogos do Terceiro Mundo, com a participação de 140 delegados de 42 países.

- Acompanhou o Papa João Paulo II em sua 1ª visita ao Brasil, em 1980. Em São Paulo, entre outros atos, João Paulo II falou no estádio do Morumbi para 200 mil operários, em 03.07.80.
- Em 1981 participou do encontro ecumênico internacional em Estocolmo, Suécia, denominado *Semana Ecumênica de Desenvolvimento.*
- Apoiou a campanha contra o desemprego, em 1981.
- Orientou as comunidades da Arquidiocese no movimento pelas eleições diretas, com a cartilha e *slides* sobre Fé e Política.
- Participou, em 24.03.81, do culto ecumênico no 1º aniversário da morte de Dom Oscar Romero, arcebispo assassinado de San Salvador.
- Participou, no Natal de 1981, do culto ecumênico da Esperança, com a participação de refugiados políticos dos países do Cone Sul.
- Participou, como membro fundador, da Comissão Independente Internacional das Nações Unidas para Questões Humanitárias, criada em decorrência da resolução 34/136, de 14.12.81, da Assembleia Geral da ONU (esta comissão iniciou suas atividades em outubro de 1982), sendo o único religioso, em todo o mundo, eleito para esta comissão.
- Entregou ao Papa João Paulo II, em janeiro de 1983, em Roma, um exemplar do livro *Desaparecidos en Argentina*, publicado pelo Clamor.
- Eleito membro do Secretariado do Sínodo Mundial dos Bispos, no Sínodo de outubro de 1983, mandato expirado em 1987.

- Em 1983 participou, em Uppsala, Suécia, da *Conferência Mundial Sobre Vida e Paz*, que tratou do desarmamento nuclear, prestigiada com a presença do rei e da rainha da Suécia.
- Foi membro do Serviço Internacional pelos Direitos Humanos, com sede em Genebra.
- É membro do Serviço Paz e Justiça na América Latina (SERPAJ-AL).
- Organizou, em setembro de 1984, na Arquidiocese de São Paulo, a 1ª Semana *Fé e Compromisso Social* – que se tornaria em evento anual – para refletir sobre alguma forte questão social e detectar possíveis soluções e encaminhamentos. O tema foi "A pastoral da Igreja no Brasil e os ensinamentos sociais do Papa João Paulo II".

1985-1990

- Fez o discurso de abertura do Congresso Internacional de Entidades de Benemerência Não Governamentais, patrocinado pela ONU, em Dakar, África, em 19.05.85.
- Membro da Pax Christi Internacional, junho de 1985.
- Recebeu, em 1985, a Medalha Nansen do Alto Comissariado das Nações Unidas para Refugiados (ACNUR), no Palácio das Nações, em Genebra.
- Realizou, com o apoio financeiro do Conselho Mundial de Igrejas e a coordenação do Rev. Jaime Wright, o projeto "Brasil: Nunca Mais", contendo informações obtidas nos arquivos militares oficiais sobre o uso institucionalizado da tortura durante o regime militar dos anos 1964-1985. O livro-resu-

mo, lançado em 15.07.85 pela Editora Vozes, permaneceu 91 semanas consecutivas na lista dos 10 mais vendidos de não ficção. Em 1987 doou todo o acervo acumulado do BNM ao arquivo Edgard Leuenroth da Unicamp; 25 coleções de 12 volumes com 6.891 páginas cada coleção, a 14 entidades no Brasil e 11 no exterior; 548 rolos de microfilmes e mais de 100 disquetes ao "Latin American Microform Project (Lamp)", em Chicago, EUA.

- Em 1985 foi convidado pelas Igrejas da África do Sul a pronunciar uma série de conferências dentro da campanha *End of Conscription* (Fim da Convocação Militar), mas foi barrado pelas autoridades daquele país no momento em que se dirigia para embarque a Johanesburgo, no aeroporto de São Paulo.

- Estimulou a criação, que ocorreu em 03.10.85, do Centro Santo Dias de Direitos Humanos da Arquidiocese de São Paulo, a fim de coordenar e ajudar a resolver problemas locais de vários centros regionais de defesa dos direitos humanos que surgiram como resultado da primeira reunião continental de bispos patrocinada pelo SERPAJ-AL.

- Em 1986, começou a falar contra a dívida externa.

- Ajudou a fundar, em 15.03.86, a Agência Ecumênica de Notícias (AGEN).

- Em 26.10.86 presidiu a Celebração Ecumênica pela Paz, na Praça da Sé.

- Em 1987 lançou o *Projeto Esperança*, campanha para conscientização sobre Aids na Arquidiocese de São Paulo.

- Participou, em 20.05.87, do culto ecumênico em solidariedade ao povo da África do Sul e outros povos oprimidos do Terceiro Mundo.

- Recebeu do governo da França, em 09.05.87, o título de Comendador da Legião de Honra, entregue na Cúria pelo embaixador da França no Brasil, presente a primeira-dama Danielle Mitterrand.

- Tornou-se presidente, em 1987, do Comitê Latino-americano de Peritos pela Prevenção de Tortura (CEPTA).

- Integrou a Comissão Internacional Sul-Sul, dirigida pelo ex-presidente da Tanzânia, Mwalimu Julius K. Nyerere, em 1987.

- Em outubro de 1988, falou na II Assembleia Geral do Conselho Latino-americano de Igrejas (CLAI), em Itaici (SP).

- Foi o único religioso nomeado, em janeiro de 1988, para o Comitê Honorário da Campanha Europeia pela Interdependência e Solidariedade Norte-Sul, mantida pelo Conselho da Europa a convite do rei da Espanha, Juan Carlos I.

- Abriu a 1ª Conferência Pan-Americana sobre Relações Católico-Judaicas.

- Teve o território da Arquidiocese de São Paulo dividido pelo Vaticano, em 1989, com a criação de quatro dioceses desmembradas: Osasco, São Miguel Paulista, Campo Limpo e Santo Amaro, com novos bispos, passando a Arquidiocese a ter 6 Regiões Episcopais.

- Em 17.12.89 foi o negociador para a libertação do empresário Abílio Diniz, sequestrado por um grupo de chilenos, argentinos, canadenses e brasileiros.
- Foi indicado oficialmente para o Prêmio Nobel da Paz de 1989.
- Participou da Romaria da Terra no Maranhão, em 1990.
- Recebeu, em 1990, o Prêmio Juca Pato de Intelectual do ano, pelo livro *Clamor do povo pela paz.*
- Em 25.01.90 celebrou culto ecumênico na Catedral da Sé juntamente com Dom Robert Runcie, arcebispo de Cantuária, o "papa" da Igreja anglicana.
- De 23 a 28.07.90 participou, em Princeton, EUA, da Assembleia Internacional Inter-religiosa em favor da criança carente, patrocinada pelo Unicef (Fundo das Nações Unidas para Crianças).

1991-1995

- Participou, oferecendo a Catedral Católica de São Paulo, do ato multirreligioso pela Paz no Golfo Pérsico, promovido pelo jornal *Folha de São Paulo*, em 17.02.91.
- Participou em 10.04.92, em Campos de Jordão, do congresso internacional patrocinado pela entidade multirreligiosa World Conference on Religion and Peace (WCRP), com sede em Genebra, proferindo palestra sobre: *A responsabilidade das religiões face ao meio ambiente e desenvolvimento.*

- Criou, em 1992, os Vicariatos de Comunicação e dos Construtores da Sociedade e, em 1993, o Vicariato para o Povo da Rua.
- Participou de encontro inter-religioso com o Dalai Lama, na Catedral da Sé, em 09.06.92.
- Em 02.08.92 celebrou missa em ação de graças, na Catedral da Sé, pelos 20 anos da Comissão Justiça e Paz da Arquidiocese.
- Celebrou, na Basílica de Aparecida, a missa de encerramento do Congresso Mundial da União Católica Internacional de Imprensa, na presença de jornalistas provindos de 81 países.
- Participou da 4ª assembleia dos Bispos Latino-Americanos (CELAM), em Santo Domingo, República Dominicana, em outubro de 1992, onde sofreu grave acidente automobilístico.
- Inaugurou a Casa São Paulo para padres idosos e professores de teologia, em 25.02.93.
- Celebrou, no Ginásio do Ibirapuera, os 250 anos da Diocese de São Paulo (06.12.1745) e o jubileu de ouro da sua ordenação sacerdotal, em 03.12.1995.

1996-2000

- Recebeu do presidente da República Fernando Henrique Cardoso, em 09.07.96, a assinatura de decreto declarando nulo o ato de perempção da Rádio Nove de Julho de 1973.
- Inaugurou a Casa de Oração do Povo de Rua, no bairro da Luz, em 28.06.97, construída com o dinheiro do Prêmio Niwano da Paz – espécie de Nobel alternativo do Japão –, conquistado em 1994.

- Presidiu a 13ª Semana *Fé e Compromisso Social*, em 1997, sobre *O resgate das dívidas sociais.*

- Tornou-se arcebispo emérito de São Paulo em 24.05.98, passando a dedicar parte de seu tempo à promoção da população da Terceira Idade.

- Em 28 anos de arcebispado, criou 43 paróquias; construiu 1.200 centros comunitários; incentivou e apoiou o surgimento de mais de 2 mil Comunidades Eclesiais de Base (CEBs) nas periferias da metrópole paulistana, particularmente nas atuais dioceses sufragâneas de São Miguel, Osasco, Campo Limpo e Santo Amaro, além das regiões de Belém e de Brasilândia, e assinou sete Planos de Pastoral, com prioridades sempre eleitas democraticamente pelas comunidades.

- Ao entregar o comando da Arquidiocese a seu sucessor Dom Cláudio Hummes, continuou a produzir 18 programas radiofônicos semanais para a Rádio América e diversas emissoras, tendo deixado apenas, como é óbvio, a alocução semanal "Encontro com o Pastor". Os artigos para jornais continuaram – a pedido dos editores – em ritmo semanal: para *Notícias Populares*, *Diadema Jornal/Diário do ABCD* e *Diário Popular.*

- Participou, em São Paulo, das celebrações oficiais pela beatificação de frei Antônio de Sant'Ana Galvão, primeiro beato brasileiro, em outubro e novembro de 1998.

- Coordenou, a convite do governo federal – Ministério de Previdência Social –, a parte religiosa dos eventos sobre o Ano Internacional do Idoso, com destaque para a celebração multirreligiosa havida na igreja da Consolação em 18.11.1999.

- Participou da pré-inauguração das instalações da nova fase da Rádio Nove de Julho, em março/1999, e da reinauguração da mesma emissora em outubro/1999, 26 anos após o silêncio imposto pela ditadura militar e a árdua luta da Arquidiocese para reaver a sua rádio.
- Celebrou a missa de 30º dia do falecimento de Dom Helder Câmara em Recife-PE, em 27.09.1999.
- Teve sua biografia, *Dom Paulo, um homem amado e perseguido*, lançada pela Editora Vozes, de auditoria das jornalistas Evanize Sydow e Marilda Ferri, em 05.08.1999.
- Recebeu, no período entre 1996 e 2000, 43 homenagens, incluindo 2 cidadanias, 6 doutorados *honoris causa*, 9 prêmios, 7 medalhas e comendas, 4 títulos de sócio honorário e 15 diplomas e honrarias diversas.

2001 em diante

- Nomeado representante da sociedade civil no Conselho Deliberativo do Instituto de Estudos Avançados (IEA) da Universidade de São Paulo, em março/2001.
- Nomeado membro titular do Conselho da Cátedra Unesco do Instituto de Estudos Avançados da Universidade de São Paulo, em abril/2001.
- Participou do Consistório dos Cardeais em Roma, em maio/2001.

- Lançou sua autobiografia *Da esperança à utopia: testemunho de uma vida*, pela Editora Sextante, ao completar 80 anos, em setembro/2001.

- Lançou o livro *Corintiano, graças a Deus*, pela Editora Planeta, em abril/2004.

- Relançou, revisto e atualizado, o livro de 1974, *Nova forma de consagração da mulher*, agora com o título *Consagração da mulher para tempos novos*, pela Paulus Editora, em 2003.

- Mantém o programa diário *Meditação com Dom Paulo*, na Rádio Nove de Julho, 1600 AM, São Paulo.

- Lançou o livro *Conversa com São Francisco* pela Editora Paulinas, em junho/2004.

- Lançou o livro *Mulheres da Bíblia*, em parceria com frei Gilberto Gorgulho e Ana Flora Anderson, pelas Editora Paulinas, em dezembro/2004.

- Lançou o livro *La tecnica del libro secondo San Gerolamo*, pela Edizioni Biblioteca Francescana, Itália, em maio/2005.

- Lançou o livro *Dez caminhos para a perfeita alegria*, pela Editora Santuário, em julho/2005.

- Lançou o livro *Um padre em sete morros abençoados*, pela Editora Santuário, em novembro/2005.

Cidadanias

1. Cidadão Petropolitano, deliberação n. 1744, de 22.10.63; título recebido em 14.02.64.

2. Cidadão de Passa Quatro, resolução n. 158, de 15.06.76.

3. Cidadão Paulistano, decreto legislativo n. 9/77, 24.11.77.

4. Cidadão Mojimiriano, decreto legislativo n. 31, 12.04.78.

5. Cidadão Joseense, decreto legislativo n. 6, de 30.05.78, recebido em 24.08.83.

6. Cidadão Sanjoanense, decreto legislativo n. 10/78, de 28.11.78, recebido em 10.08.79.

7. Cidadão Jacareiense, decreto legislativo n. 10/78, de 03.07.78, recebido em 08.08.80.

8. Cidadão Honorário de Piquete, decreto legislativo n. 2/79, recebido em 24.08.83.

9. Cidadão Candidomotense, decreto legislativo n. 9/78, de 07.11.78.

10. Cidadão de Guarujá, decreto legislativo n. 119/79, de 08.08.79.

11. Cidadão Prudentino, decreto legislativo n. 65, de 28.06.79, comunicado em 19.09.79.

12. Cidadão Mineiro, honraria informal outorgada em desagravo por mineiros de São Paulo, em sessão solene na Assembleia Legislativa de São Paulo, em 25.01.80.

13. Cidadão Francorrochense, decreto legislativo n. 2/80, de 25.08.80.

14. Cidadão Benemérito Aparecidense, decreto legislativo n. 4/80, de 20.10.80.

15. Cidadão Aguaiano, decreto legislativo n. 16/80, de 09.01.80.

16. Cidadão Honorário do estado do Paraná, lei estadual n. 7477, de 08.07.81, recebido em 03.12.81.

17. Cidadão Ibiunense, decreto legislativo n. 1/83, de 07.04.83, recebido em 28.05.83.

18. Cidadão Livre de Galway, Irlanda, em 16.06.83.

19. Cidadão Lindoiense, decreto legislativo n. 5, de 28.08.79, recebido em 02.07.84.

20. Cidadão Osasquense, decreto legislativo n. 1/84, de 02.02.84.

21. Cidadão Cruziliense, resolução de 10.02.84, recebido em 05.07.86.

22. Cidadão Paracambiense, RJ, recebido em 12.07.86.

23. Cidadão Ribeirão-pretano, decreto legislativo n. 29/81, recebido em 11.11.91.

24. Cidadão Honorário e Benemérito de Cataguases, decreto legislativo n. 3/93, recebido em 06.09.93.

25. Cidadão Emérito de Santos, decreto legislativo n. 15/94, recebido em 26.01.95.

26. Cidadão Benemérito de Forquilhinha, decreto legislativo n. 13/95, de 02.11.95, recebido em 11.12.95.

27. Cidadão Honorário de Maceió, decreto legislativo n. 7/83, recebido em 18.12.95.

28. Cidadão Honorário de Belo Horizonte, resolução n. 1967, de maio de 1994, da Câmara Municipal de Belo Horizonte, MG, entregue em 17.11.99.

29. Cidadão Honorário de Juiz de Fora, Lei n. 9629, de 26.10.99, da Câmara Municipal de Juiz de Fora, MG, 25.11.99.

30. Cidadão Sorocabano, Decreto Legislativo n. 526, de 21.06.01, da Câmara Municipal de Sorocaba-SP, em 10.08.01.

31. Cidadão Honorário do Município de Santo André, Decreto Legislativo n. 10, de 27.08.01, entregue em 21.09.01.

32. Cidadão Guarulhense, Decreto Legislativo n. 005/2001, aprovado em 20.11.01 e entregue em sessão solene realizada em 19.04.02.

33. Cidadão Honorário de Brasília, Câmara Legislativa do Distrito Federal, em 17.12.02.

34. Cidadão Araraquarense, Decreto Legislativo n. 493 de 02.04.03, entregue em 02.08.03.

35. Cidadão Ferrazense, Decreto Legislativo n. 321, de 16.10.03, entregue em Ferraz de Vasconcellos, SP, 14.03.04.

36. Cidadão Honorário de Joinville, Decreto Legislativo n. 20/03, Joinville, SC, 17.06.04.

37. Cidadão Itaquaquecetubense, Decreto Legislativo n. 04, de 19.05.2004, entregue em 01.08.2004.

38. Cidadão Itapeviense, Decreto Legislativo n. 014/2004 de 11.08.04, entregue em 03.12.2004.

Doutorados *honoris causa*

1. Doutor *honoris causa* em Direito, Universidade de Notre Dame, Indiana, EUA, em 22.05.77, juntamente com o presidente Jimmy Carter.

2. Doutor *honoris causa* em Sagrada Teologia, Siena College, Loudonville, EUA, em 17.05.81.

3. Doutor *honoris causa* em Direito, Fordham University, Bronx, New York, EUA, em 24.05.81.

4. Doutor *honoris causa* em Direito, Seton Hall University, Newark, EUA, em 06.06.82.

5. Doutor *honoris causa* em Teologia, universidade de Münster, Alemanha, 19.01.83.

6. Doutor *honoris causa* em Direito, Saint Francis Xavier University, Antigonish, Canadá, em 04.05.86.

7. Doutor *honoris causa* em Ciências Humanas, Universidade de Dubuque, Iowa, EUA, em 07.09.88.

8. Doutor *honoris causa*, Universidade de São Francisco, Bragança Paulista, em 08.03.89.

9. Doutor *honoris causa*, Universidade Metodista de Piracicaba, em 08.08.90.

10. Doutor *honoris causa* em Ciências Humanas, Manhattanville College, Purchase, NY, EUA, em 25.05.91.

11. Doutor *honoris causa*, Universidade do Sagrado Coração de Jesus, Bauru, em 06.06.92.

12. Doutor *honoris causa*, Universidade Católica de Nimega, Holanda, em 29.10.93.

13. Doutor *honoris causa*, Universidade Católica de Goiânia, GO, em 05.05.98.

14. Doutor *honoris causa*, Universidade do Extremo Sul Catarinense, Criciúma, SC, em 08.12.98.

15. Doutor *honoris causa*, Universidade Federal do Acre, Rio Branco, AC, em 21.12.98.

16. Doutor *honoris causa*, Universidade Federal do Paraná, Curitiba, PR, em 31.05.99.

17. Doutor *honoris causa* em Teologia, Pontifícia Faculdade de Teologia Nossa Senhora da Assunção, São Paulo, SP, em 12.08.99.

18. Doutor *honoris causa*, Universidade Federal de Viçosa, MG, em 02.09.99.

19. Doutor *honoris causa*, Universidade Estadual de Campinas, Unicamp, de acordo com deliberação do Conselho Universitário, sessão de 28.03.00, entregue em 20.10.00.

20. Doutor *honoris causa*, Universidade de Sorocaba, de acordo com deliberação do Conselho Universitário, sessão de 19.02.01, entregue em 10.08.01.

21. Professor *honoris causa* do Curso de Editoração Multimídia das Faculdades Integradas Alcântara Machado – UniFIAM--FAAM, São Paulo, pelos inestimáveis serviços prestados à Comunicação Social e pelo trabalho incessante como guardião dos Direitos Humanos, em 28.05.02.

22. Doutor *honoris causa* da Universidade de Brasília, em 17.12.02.

23. Doutor *honoris causa* da Universidade Estadual de Londrina, PR, em 07.11.03.

24. Doutor *honoris causa* em humanidade, "por sua trajetória de autêntico cristão, cujo testemunho vivo e eloquente marcou indelével e profundamente a história de nossa Universidade, em particular, e da sociedade brasileira em geral". – Outorgado pela PUC-SP, por unanimidade e aclamação do Colendo Conselho Universitário na sessão de 29.10.2004, entregue solenemente em 01.11.2005.

Prêmios

1. Prêmio (informal) "Mahatma Gandhi" da Paz, em eleição coordenada pelo publicitário Carlito Maia e apuração referendada pela presidência da Associação Brasileira de Imprensa, em 31.12.81.

2. Prêmio Internacional "Letelier-Moffitt de Direitos Humanos", do Instituto de Estudos Políticos de Washington, EUA, fundado pelo presidente Kennedy, em 21.09.82.

3. Prêmio "Governo do Estado do Rio de Janeiro", como a grande personalidade brasileira, pela amplitude com que assumiu as responsabilidades sociais da Igreja, em 28.02.85.

4. Prêmio Internacional "Medalha Nansen", do Alto Comissariado das Nações Unidas para Refugiados (ACNUR), recebido no Palácio das Nações Unidas em Genebra, Suíça, em 07.10.85.

5. 7º Prêmio "Wladimir Herzog de Anistia e Direitos Humanos", do Sindicato de Jornalistas Profissionais do Estado de São Paulo e Comitê Brasileiro pela Anistia, 25.10.85.

6. Prêmio Internacional "Arcebispo Oscar Romero de Direitos Humanos", da Fundação Ecumênica Menil-Rothko Chapel, Houston, EUA, 24.03.88.

7. 1º Prêmio Nacional de Direitos Humanos, da Coordenação Brasileira dos Centros de Defesa dos Direitos Humanos, 08.12.88.

8. Prêmio "Helder Câmara de Direitos Humanos", da Ordem dos Advogados do Brasil, seção Pernambuco, 10.08.89.

9. Prêmio "Intelectual do Ano, 1990", Troféu Juca Pato, da União Brasileira de Escritores e *Folha de São Paulo*, 18.10.90.

10. Prêmio "10 Anos da Comissão de Direitos Humanos da OAB-SP", Ordem dos Advogados do Brasil, seção São Paulo, 12.12.90.

11. Prêmio "Oscar Romero de Serviços à Não Violência e aos Pobres", de Pax Christi, Portland, EUA, 25.05.91.

12. Prêmio "The Right Livelihood" conquistado na Europa pelo Movimento dos Trabalhadores Sem Terra do Brasil e, por este, repassado a Dom Paulo em virtude do apoio prestado, em 05.92.

13. Prêmio Graymoor e Afiliação à Ordem Primeira dos Franciscanos da Reconciliação, decreto de 08.09.93, entregue em 21.04.94, New York, EUA.

14. 11º Prêmio Niwano da Paz, Tóquio, Japão, em 11.05.94.

15. 1º Prêmio Direitos Humanos, categoria "Livre", criado pelo decreto de 08.09.95 do presidente da República, conferido pelo presidente Fernando Henrique Cardoso em 05.12.95.

16. Prêmio Municipal de Direitos Humanos da Prefeitura Municipal de Maceió, Lei n. 4367, de 15.12.95, entregue em 18.12.95.

17. Prêmio "Criança e Paz 1996", do Fundo das Nações Unidas para a Infância (Unicef), Brasília, em 13.11.96.

18. Prêmio PNBE de Cidadania, do Pensamento Nacional das Bases Empresariais, São Paulo, em 03.12.96.

19. Prêmio Franz de Castro Holzwarth/1996, da Comissão de Direitos Humanos da Ordem dos Advogados do Brasil, seção de São Paulo, 10.12.96.

20. 1º Prêmio Santo Dias de Direitos Humanos, da Assembleia Legislativa de São Paulo, em 15.12.97.

21. Prêmio "Ordem do Mérito da Fraternidade Ecumênica", categoria Religião, da Legião da Boa Vontade (LBV), em 03.12.98.

22. Prêmio "Brenda Lee", categoria Direitos Humanos, do Centro de Referência e Treinamento em Doenças Sexualmente Transmitidas da Secretaria de Saúde do Estado de São Paulo, pelo destaque alcançado no enfrentamento da epidemia de Aids nos últimos 15 anos, São Paulo, em 03.12.98.

23. Prêmio "Top Comunitário", da 29ª Festa das Personalidades do Ano, do grupo 1 de Jornais, São Paulo, em 20.09.99.

24. Prêmio "Teotônio Vilela", do Instituto Teotônio Vilela de Brasília, por ocasião dos 20 anos de Anistia, Rio de Janeiro, RJ, em 27.09.99.

25. 1º Prêmio "Liberdade e Democracia", da Fundação Pública e Municipal "Ulysses Silveira Guimarães", Rio Claro, SP, em 08.10.99.

26. Prêmio Severo Gomes, da Comissão Teotônio Vilela de Direitos Humanos, "por sua extraordinária contribuição para a promoção e proteção dos direitos humanos, para a defesa das vítimas do arbítrio e para a consolidação do estado de direito no Brasil e na América Latina", São Paulo, em 17.05.00.

27. Prêmio Direitos Humanos 1999/Personalidade do Ano, da Associação das Nações Unidas-Brasil, São Paulo, em 26.05.00.

28. Prêmio FASE – Solidariedade e Educação/2001, "porque presenças como a sua tornam possível um outro Brasil", Rio de Janeiro, em 14.09.01.

29. Prêmio IDEC de Construção da Cidadania (escolha por votação dos sócios, na Internet), por ocasião dos 15 anos do IDEC – Instituto de Defesa do Consumidor – São Paulo, em 07.08.02.

30. Prêmio Luta pela Terra, categoria Igreja, do MST-Movimento dos Trabalhadores Rurais Sem Terra, Rio de Janeiro, em 26.07.2004.

Medalhas

1. Grão-Oficial da Ordem El Sol del Perú, do governo peruano, em 06.03.72.

2. Jubileu de Prata da Fundação para o Livro do Cego no Brasil, pelos relevantes serviços prestados, em 16.06.72.

3. Pero Vaz Caminha, do Instituto Histórico e Geográfico Pero Vaz Caminha, São Paulo, em 05.09.72.

4. Cavaleiro da Grã-Cruz da Ordem Equestre do Santo Sepulcro de Jerusalém, em 02.03.73.

5. Mérito Pessoal e Relevantes Serviços, da Sociedade Consular de São Paulo, em 06.06.74.

6. Valor Cívico, do governo do estado de São Paulo, em 06.05.75.

7. Carlos Gomes, da Sociedade Brasileira de Artes, Cultura e Ensino de Campinas, SP, em 04.07.75.

8. Cívico-Cultural do Sesquicentenário do nascimento de D. Pedro II, do Instituto Histórico e Geográfico de São Paulo, em 24.08.76.

9. Reconhecimento à colaboração recebida, no 15º aniversário de constituição da CESP – Centrais Elétricas de São Paulo, em 05.12.81.

10. Bicentenário do Pe. Diogo Antônio Feijó, do governo do estado de São Paulo, em 30.08.85.

11. Comendador da Legião de Honra, do governo da França, entregue pelo embaixador da França no Brasil, presente a primeira-dama Danielle Mitterrand, em São Paulo, em 09.05.87.

12. Medalha Chico Mendes de Resistência, do Grupo Tortura Nunca Mais, Rio de Janeiro, em 07.07.89.

13. Medalha do Mérito Anita Garibaldi, categoria Ouro, do governo do estado de Santa Catarina, pelos relevantes serviços prestados ao Estado, em 23.11.90.

14. Grã-Cruz da Ordem do Ipiranga, decreto n. 52.064 de 20.06.69, do governo do estado de São Paulo, em 30.11.95.

15. Medalha de Honra da Universidade de São Paulo, em 08.02.96.

16. Medalha Brás Cubas, decreto legislativo n. 40/95, da Câmara Municipal de Santos, em 06.03.96.

17. Comenda Maior da Ordem de Nossa Senhora do Ó, no bicentenário da fundação da Paróquia, São Paulo, em 15.09.96.

18. Medalha Brigadeiro Tobias, da Polícia Militar do Estado de São Paulo, resolução do Comando Geral aprovada pela Comissão da Medalha, em 04.10.96.

19. Medalha Sobral Pinto, da PUC-MG, pela relevante atuação em defesa dos direitos humanos, Belo Horizonte, MG, em 29.04.99.

20. Grã-Cruz da Ordem do Pinheiro, do governo do estado do Paraná, Curitiba, PR, em 30.05.99.

21. Comendador da Grã-Cruz da Ordem do Mérito Cívico e Cultural, em reconhecimento público pelos méritos de honra, caráter, civismo, dignidade e benemerência sempre colocados a serviço da educação e do ensino brasileiros, da Sociedade de Heráldica, Medalhística, Cultural e Educacional, São Paulo, em 28.06.99.

22. Grã-Cruz da Ordem de Bernardo O'Higgins, do Presidente da República do Chile, outorgada em 04.10.00 e entregue em 29.07.01.

23. Cultural Dom Aguirre, considerando os relevantes serviços prestados – Sorocaba-SP, em 10.08.01.

24. Comenda "Ordem do Rio Branco", no grau de Grã-Cruz, condecoração oficial do governo da República do Brasil, por decreto de outubro de 2001, entregue em 17 de dezembro de 2001.

25. Insígnias do "Mérito Benjamin Colucci", da 4ª subseção da OAB – Ordem dos Advogados do Brasil, pelos relevantes serviços às Instituições Jurídicas e Sociais – Juiz de Fora, MG, em 10.08.02

26. Comenda "D. Helder Câmara – Ação, Justiça e Paz", por relevantes serviços prestados à sociedade – da SOCER – Sociedade Cearense de Cidadania, em 23.09.02.
27. Mérito Legislativo Câmara dos Deputados, Câmara dos Deputados, Brasília, em 27.11.02.
28. Grã-Cruz da Ordem do Mérito Cultural, Ministério da Cultura, Brasília, em 17.12.02.
29. Medalha Barbosa Lima Sobrinho da Associação Brasileira de Imprensa, Rio de Janeiro, em 06.04.04.

Sócio honorário

1. Instituto Paranaense de Pedagogia, Curitiba, em 31.01.58.
2. Sociedade Paulista de História da Medicina, em 05.04.73.
3. Pontifícia Academia Mariana Internacional, Roma, Itália, em 19.11.73.
4. e 5. Associação Paulista de Cirurgiões-Dentistas, regional São José dos Campos, em 06.05.75 e 16.07.82 (2ª vez).
6. Coral Eucarístico Comunicação de São Paulo, em 1979.
7. Centro Catarinense Anita Garibaldi, São Paulo, em 01.12.91.
8. Remido Honra ao Mérito da Associação Brasileira de Imprensa (ABI), em 09/94.
9. Benemérita Associação Brasileira de Imprensa (ABI), Rio de Janeiro, em 26.11.96.
10. ANCARC – Associação Nacional Católica de Rádios Comunitárias, em 09.05.98.
11. 1º Sócio Emérito do Centro de Estudos e Pesquisa em Direitos Humanos de São Paulo (CDH), pela construção dos

valores de igualdade, liberdade e solidariedade na Sociedade Brasileira, São Paulo, em 22.03.99.

12. Sociedade de Heráldica, Medalhista, Cultural e Educacional, São Paulo, em 28.06.99.

13. Sócio Emérito do Instituto Brasileiro de Ciências Criminais – título estatutário – em homenagem à luta empreendida em prol da Democracia e Direitos Humanos, em 09.11.2001.

14. Membro Honorário do PEN Clube do Brasil, Centro da Associação Mundial dos Escritores, Rio de Janeiro, RJ, em 09.05.03.

Títulos, homenagens e diplomas diversos

1. Diploma da Creche João XXIII de Guaianazes, pelos relevantes serviços à ação comunitária paroquial. São Paulo, em 1972.

2. Diploma – Homenagem pelos relevantes serviços prestados à comunidade na defesa dos direitos humanos, da 60ª Turma de Medicina da Universidade de São Paulo, em 02.04.78.

3. Certificado de Gratidão comemorando a visita ao Brasil do Papa João Paulo II e os 480 anos de descobrimento do Brasil e da 1ª Missa, do Instituto Histórico e Cultural Pero Vaz de Caminha, São Paulo, em 1980.

4. 6ª Personalidade mais influente do Brasil, eleição do Fórum Gazeta Mercantil, São Paulo, em 1981.

5. 7ª Personalidade mais influente do Brasil, eleição do Fórum Gazeta Mercantil, São Paulo, em 1982.

6. Diploma Honra ao Mérito da Casa de Detenção Prof. Flamínio Fávaro de São Paulo, pela contribuição à ressocialização dos encarcerados, 08.05.87.

7. Diploma "Ordem dos Queixadas", do Sindicato dos Trabalhadores de Perus, pelo testemunho de firmeza permanente e de ação não violenta na busca da justiça, São Paulo, em 29.05.87.

8. Menção honrosa da Comissão Nacional de Diálogo Religioso Católico-Judaico/CNBB, em reconhecimento pelo constante incentivo à aproximação entre os povos e apoio aos promotores da compreensão entre católicos e judeus no Brasil, em 11.06.89.

9. Título "Uma das 50 personalidades que ajudaram a tornar este mundo melhor", da entidade "The Christophers", New York, EUA, 05.05.95.

10. Diploma de Honra pelos 50 anos de sacerdócio, da Câmara Municipal de Curitiba, PR – novembro de 1995.

11. Homenagem – Reconhecimento pela Educação para a Paz, Justiça e Ecologia, da Universidade São Francisco, Bragança Paulista, SP, 07.10.96.

12. Homenagem do Conselho Federal da OAB – Ordem dos Advogados do Brasil, Brasília – DF, em 10.12.96.

13. Diploma Mérito Comunitário, da Sociedade Amigos da Polícia Militar/4º BPMM, São Paulo, SP, em 03.05.97.

14. "Negro Honorário", título concedido por sete entidades de afrodescendentes de São Paulo, em 11.11.97.

15. Troféu – Homenagem da Congregação Israelita Paulista, São Paulo, em 29.03.98.

16. Homenagem da Plenária dos Conselhos Gestores dos Centros de Referência em Saúde dos Trabalhadores do Município de São Paulo, no encerramento do Seminário Nacional sobre Política de Saúde do Trabalhador – São Paulo, em 23.04.98.

17. Reconhecimento público do governo federal pela atuação heroica, abnegada e corajosa na defesa dos direitos humanos no país, publicado no Diário Oficial da União (Ministério da Justiça) n. 129, Brasília – DF, em 09.07.98.

18. Tributo de Gratidão da Câmara Municipal de São Paulo, em 15.08.98.

19. Homenagem da OAB – Ordem dos Advogados do Brasil – Seção Osasco – SP e do CONDEPH – Conselho Estadual de Defesa dos Direitos da Pessoa Humana / Núcleo Osasco, no 1º Tribunal de Direitos Humanos "Dom Paulo Evaristo Arns" de Osasco, SP, em 16.10.98.

20. "Cardeal da Cidadania", título outorgado pelo Sindicato dos Jornalistas Profissionais do Estado de São Paulo, pelos relevantes serviços prestados à causa dos direitos humanos no Brasil, inclusive por sua atuação no esclarecimento do assassinato de Vladimir Herzog, São Paulo, em 27.10.98.

21. "Voto de Louvor", Homenagem do Senado Federal, por sua relevante luta pelo respeito aos direitos humanos e pela afirmação dos valores cristãos no Brasil – Brasília, DF, em 10.12.98.

22. Homenagem pela Ação Pastoral do Idoso, do Comitê do Ano Internacional do Idoso, Ministério da Previdência Social, Brasília – DF, em 27.09.99.

23. Homenagem ao Grande Porta-Voz dos Direitos Humanos no Brasil, da Comissão Nacional de Direitos Humanos do Conselho Federal de Psicologia, Brasília-DF, em 25.03.00.

24. Homenagem da X Conferência Municipal de Saúde de São Paulo, Secretaria Municipal da Saúde e Conselho Municipal de Saúde, pela luta em favor dos Direitos Humanos e Justiça Social, São Paulo, em 13.11.00.

25. "Personalidade Brasileira dos 500 Anos", título outorgado a 500 personalidades escolhidas pelo Conselho de Honrarias e Méritos do Centro de Integração Cultural e Empresarial São Paulo, em 30.08.01.

26. "Trecheiro da Paz", concedido pela Rede Rua e Povo da Rua, "por sua solidariedade e compromisso com todos os excluídos e excluídas da sociedade brasileira e do mundo", 21.09.01.

27. "Idoso de Expressão", pela atuação na área de direitos humanos, homenagem da Associação Nacional de Gerontologia/SP – 07.09.2001.

28. Homenagem do Conselho Estadual de Defesa dos Direitos da Pessoa Humana, em solenidade realizada na Assembleia Legislativa do Estado de São Paulo, em 16.05.02.

29. "Amigo do Idoso", da Associação Forquilhense dos Grupos de Terceira idade, Forquilhinha, SC, em 01.06.02.

30. Diploma de Benfeitor, pelos devotados serviços prestados na Reforma da Capela histórica do Menino Jesus e Santa Luzia, São Paulo – SP, em 14.09.02.

31. Homenagem do XX Seminário de Estudos de Teologia, nos 40 anos de Concílio Vaticano II, em reconhecimento ao seu trabalho, amor, entrega, atenção na história do Brasil, na defesa dos direitos humanos e sendo fermento de uma Igreja renovada – da PUC – Campinas, SP, em 27.09.02.

32. Diploma "Mérito Dom Bosco" do V Congresso Salesiano de Educação, homenagem dos educadores salesianos da Inspetoria de São Paulo, Águas de Lindoia, SP, em 14.06.03.

33. Homenagem da pontifícia Faculdade de Teologia N. Sra. Assunção, São Paulo, por ocasião do Jubileu de Prata da fundação, por D. Paulo, do curso de graduação noturno, em 09.10.03.

34. Reconhecimento e homenagem das Nações Unidas, pelo Alto Comissariado das N.U. para os Refugiados, pela defesa dos Direitos Humanos e dos Refugiados, pelo incentivo e apoio ao trabalho de integração assinando os Convênios de parceria com a FIESP-SENAI e SESI e a FCESP-SENAC e SESC. São Paulo, Dia Mundial do Refugiado, em 17.06.04.

35. Homenagem do Sindicato dos Jornalistas Profissionais do Estado de São Paulo, "por sua incansável luta pelos Direitos Humanos e pela preservação da vida", São Paulo, em 25.10.2004.

36. Homenagem do Conselho Nacional de Política Criminal e Penitenciária do Ministério da Justiça, instituindo o "Prêmio Dom Evaristo Arns" aos Vencedores do IX Concurso Nacional de Monografias, com o tema "Sistema Penitenciário: Saúde Mental e Direitos Humanos", Brasília, em 17.05.2005.

37. Homenagem do Seminário Nacional "Crime Organizado e Direitos Humanos", do Departamento de Ciências Humanas da PUCCamp, Campinas, SP, 18.05.2005.

38. Homenagem da Assembleia Legislativa do Estado de São Paulo, através da Liderança do PT e do Presidente da Comissão de Direitos Humanos da Assembleia, Deputado Ítalo Cardoso, à Comissão Justiça e Paz da Arquidiocese de São Paulo e a Dom Paulo, que exerceu um papel fundamental na história deste organismo, e que continua dando inestimável contribuição na defesa dos direitos fundamentais da pessoa em nosso país, em 19.08.2005.

39. Homenagem do IV Congresso de Teologia de São Paulo, por ter sido "o grande profeta da luz, nas trevas do mundo" – Outorgado por seis Faculdades de Teologia de São Paulo e Grande São Paulo, em 28.09.2005.

Outras

- Presidente Honorário do Conselho Editorial do Instituto Gutenberg, Centro de Estudos da Imprensa, São Paulo, em 17.08.96.

- "Um dos 50 brasileiros que ajudaram a desenhar a imagem pela qual o ano de 1998 será lembrado", destaque da Revista VEJA, em sua edição de fim de ano, em 1998.

- Um dos 20 eleitos – 2º lugar pela Comissão de Notáveis e 4º lugar pelos leitores da revista ISTO É, como "O Religioso do Século", Categoria Religião, em maio/junho 1999.

- Um dos Vinte Brasileiros Vencedores do Século XX do Projeto Personalidades Patrióticas Empreendedoras da revista *Inside Brasil*, de Fortaleza-CE, em 27.06.00.

- Um dos Vinte Catarinenses que marcaram o século XX, segundo campanha do Grupo RBS e a Telesc Brasil Telecom, através de votação popular recebida pelo *Jornal de Santa Catarina* e o *Diário Catarinense*, em 12.06.01.

- Uma das 500 personalidades brasileiras dos 500 anos, do centro de integração cultural e empresarial de São Paulo, em 30.08.01.

- Um dos "21 Brasileiros do Século XX Vencedores no Século 21", destacando "Brasileiros Experientes Competentes que, como aposentados, poderiam estar desfrutando dos prazeres da vida, mas que continuam trabalhando com suas experiências, produzindo e transferindo conhecimento para os brasileiros", da PPE Promoções e Eventos Ltda., Empresário Roberto Farias, Fortaleza/Rio de Janeiro, em 14.04.2005.

Livros publicados

De sua autoria (lista fornecida por Maria Ângela Borsoi):

1. *La technique du livre d'après Saint Jérome*, Editora de Boccard, Paris, 220p., 1953. Tese doutoral da Sorbonne, original francês. Traduzido para o português sob o título *A técnica do livro segundo São Jerônimo*, Imago Editora, Rio de Janeiro, 216p.,

1993. Traduzido para o italiano sob o título *La tecnica del libro secondo San Gerolamo*, Edizioni Biblioteca Francescana, Milão, 256p., 2005. Reeditado em português, em versão artística e ilustrada, Editora Cosac-Naify, São Paulo, 2007.

2. *Liberdade de ensino*, Editora Vozes, Petrópolis, 47p., 1960.

3. *Por que escolas católicas?* Editora Vozes, Petrópolis, 40p., 1963.

4. *Rumo ao casamento*, Editora Vozes, Petrópolis, 128p., 1963.

5. *A quem iremos, Senhor?* Edições Paulinas, São Paulo, 222p., 1968.

6. *A humanidade caminha para a fraternidade*, Edições Paulinas, São Paulo, 59p., 1968, três reedições.

7. *Paulo VI: você é a favor ou contra?* Edições Paulinas, São Paulo, 34p. ilustradas, 1970.

8. *Cartas de Santo Inácio de Antioquia*: introdução, tradução e notas, Editora Vozes, Petrópolis, 103p., 1970, três reedições.

9. *A guerra acabará, se você quiser*, Edições Paulinas, São Paulo, 123p., 1970.

10. *Carta de São Clemente Romano*: introdução, tradução e notas, Editora Vozes, Petrópolis, 77p., 1971, três reedições.

11. *De esperança em esperança na sociedade*, hoje, Edições Paulinas, São Paulo, 216p., 1971.

12. *Santo Ambrósio: Os sacramentos e os mistérios*. Introdução e tradução do original latino, Editora Vozes, Petrópolis, 111p., 1972, duas reedições.

13. *Comunidade: união e ação*, Edições Paulinas, São Paulo, 355p., 1973.

14. *Viver é participar*, Edições Paulinas, São Paulo, 169p., 1973. Traduzido para o italiano sob o título *Pastorale per una unità di Chiesa e di Popolo*, Editora Jaca Book, Milão, 168p., 1975.

15. *Cristãos em plena vida*, Edições Loyola, São Paulo, 179p., 1974.

16. *Você é chamado a evangelizar*, Edições Loyola, São Paulo, 178p., 1974.

17. *Nova forma de consagração da mulher*, Edições Paulinas, São Paulo, 46p., 1974, uma reedição. Traduzido para o espanhol sob o título *Nueva forma de consagración de la mujer*: reflexiones, *Revista Seminários*, Vol. XXXIII, p. 247-262, abr.-jun. 1987, Salamanca, Espanha. Revisto, ampliado, atualizado e reeditado sob novo título, *Consagração da mulher para tempos novos*, Editora Paulus, São Paulo, 48p., 2003.

18. *O Evangelho: incomoda? Inquieta? Interessa?* Sínodo da Evangelização, Edições Loyola, São Paulo, 165p., 1975, duas reedições.

19. *A família constrói o mundo?* Edições Loyola, São Paulo, 201p., 1975, três reedições. Traduzido para o espanhol sob o título *La família construye el mundo?*, Editora Latinoamérica Libros srl, Buenos Aires, 192p., 1980.

20. *Cidade, abre as tuas portas!* Edições Loyola, São Paulo, 219p., 1976.

21. *Qual é a sua vocação?* Edições Paulinas, São Paulo, 96p., 1976.

22. *Sê fiel!* Edições Loyola, São Paulo, 187p., 1977.

23. *Em defesa dos direitos humanos*: encontro com o repórter, Editora Brasília Rio, 224p., 1978. Reeditado pela Editora Civilização Brasileira, Rio de Janeiro, 224p., 1978.

24. *Convite para rezar*, Edições Paulinas, São Paulo, 51p. ilustradas, 1978.

25. *Presença e força do cristão*, Edições Loyola, São Paulo, 92p., 1978.

26. *Em favor do homem*, Editora Avenir, Rio de Janeiro, 52p., 1979.

27. *Religiosas recomeçam sempre*, Edição do autor, São Paulo, 133p., 1979.

28. *Discutindo o papel da Igreja*, Edições Loyola, São Paulo, 200p., 1980.

29. *Mulher consagrada*: identidade e relacionamento, Edições Paulinas, São Paulo, 93p., 1980.

30. *Os ministérios na Igreja*, Editora Salesiana Dom Bosco, São Paulo, 111p., 1980.

31. *O que é Igreja*, Editora Brasiliense, São Paulo, 149p., 1981. Reeditado pela Editora Abril Cultural, São Paulo, 152p., 1985.

32. *Meditações para o dia a dia*, vol.1, Edições Paulinas, São Paulo, 190p., 1982.

33. *Meditações para o dia a dia*, vol. 2, Edições Paulinas, São Paulo, 194p., 1982.

34. *Pensamentos*, Edições Paulinas, São Paulo, 85p. ilustradas, 1982, reedições contínuas. Traduzido para o alemão sob o título *Mit den Augen der Liebe gesehen* – Gedanken für jeden

Tag, Editora Verlag Neue Stadt, Alemanha, Suíça e Áustria, 88p., 1989. Traduzido para o italiano sob o título *Per costruire la pace*, Editora Borla, 144p., 1992. Traduzido para o maltês sob o título *Ħsibijiet Żgħar*, Editora Klabb Qari Nisrani, Malta, 52p., 1993.

35. *Olhando o mundo com São Francisco*, Edições Loyola, São Paulo, 124p., 1982.

36. *Meditações para o dia a dia*, vol. 3, Edições Paulinas, São Paulo, 194p., 1982.

37. *A violência em nossos dias*, Editora Salesiana Dom Bosco, São Paulo, 100p., 1983. Traduzido para o espanhol sob o título *La violencia en nuestros dias*, Ediciones Don Bosco Argentina, Buenos Aires, 112p., 1983.

38. *Meditações para o dia a dia*, vol. 4, Edições Paulinas, São Paulo, 194p., 1983.

39. *Para ser jovem hoje*, Editora Salesiana Dom Bosco, São Paulo, 113p., 1984.

40. *Santos e heróis do povo*, Edições Paulinas, São Paulo, 575p., 1985. Atualizado e reeditado pela Editora Letras & Letras, São Paulo, 560p., 1996.

41. *O Evangelho de Marcos na vida do povo*, Edições Paulinas, São Paulo, 188p., 1987. Reeditado pela Paulus Editora, São Paulo, 144p., 1997.

42. *I poveri e la pace prima di tutto*, Edizioni Borla, Roma, 205p., 1987.

43. *Criança, prioridade absoluta*, Edições Loyola, São Paulo, 99p., 1987.

44. *O rosário na Bíblia e na vida do povo*, Editora Vozes, Petrópolis, 77p. ilustradas, 1987. Atualizado e reeditado pela Editora Ave-Maria, São Paulo, 104p. ilustradas, 2006.

45. *Von Hoffnung zu Hoffnung*, Vortrage, Gesprache, Dokumente, Editora Patmos Verlag, Alemanha, 176p., 1988.

46. *Clamor do povo pela paz*, Edições Paulinas, São Paulo, 101p., 1989. Traduzido para o italiano sob o título *Per costruire la pace*, Editora Borla, Itália, 144p., 1992.

47. *Mulher, quem és? Que procuras?* Editora Santuário, Aparecida, 112p., 1990, duas edições.

48. *Evangelizar pelo coração*, Edições Loyola, São Paulo, 88p., 1991.

49. *Da esperança à utopia*: testemunho de uma vida, Editora Sextante, Rio de Janeiro, 480p. ilustr., 2001, duas edições. Traduzido para o italiano sob o título *Dalla Speranza all'Utopia*: testimonianza di una vita, Edizioni Biblioteca Francescana, Milão, 392p., 2004.

50. *Corintiano, graças a Deus*, Editora Planeta do Brasil, São Paulo, 140p. ilustradas, 2004.

51. *Conversa com São Francisco*, Edições Paulinas, São Paulo, 104p. ilustradas, 2004.

52. *Mulheres da Bíblia*, Edições Paulinas, São Paulo, 264p., 2004.

53. *Dez caminhos para a perfeita alegria*, Editora Santuário, Aparecida, 104p., 2005.

54. *Um padre em sete morros abençoados*, Editora Santuário, Aparecida, 88p., 2005.

55. *Estrelas na noite escura*: pensamentos, Edições Paulinas, São Paulo, 104p., 2006.

56. *Vamos a Aparecida, Com Maria, pela paz*, Editora Santuário, Aparecida, 128p., 2007.

57. *Ano Sacerdotal 2009-2010:* reminiscências e testemunhos, Edições Paulinas, São Paulo, 120p. ilustradas, 2009.

Livros sobre Dom Paulo ou que incluem referências a ele (lista fornecida por Maria Ângela Borsoi):

1. CARDINAL ARNS READS THE SIGNS OF THE TIMES, reportagem da Revista *Maryknoll-Vocation, a call to serve*, Raymond M.Boyle, Maryknoll, N.Y., 1978.

2. REPRESSÃO NA IGREJA DO BRASIL, Reflexo de uma situação de opressão 1968-1978, CEDI-Centro Ecumênico de Documentação e Informação, apostila mimeografada, Rio de Janeiro, 1978.

3. DOM PAULO EVARISTO ARNS, O CARDEAL DO POVO, Getúlio Bittencourt e Paulo Sérgio Markun, Editora Alfa Omega, São Paulo, 1979.

4. PROCEEDINGS OF THE SIXTH ANNUAL LETELIER-MOFFIT MEMORIAL HUMAN RIGHTS AWARDS CEREMONY, caderno em *off-set*, Institut for Policy Studies, Washington D.C,1982.

5. NO MEIO DO POVO, Perfil biográfico de Dom Paulo Evaristo Arns, Mauro Santayana, livreto 21, Coleção Campeões, Editora Salesiana Dom Bosco,1983. Reeditado na

Coleção Construtores da Justiça e da Paz, na mesma Editora, São Paulo, 1996.

6. PAULO EVARISTO ARNS, Ich trage keinen Purpur, Michael Albus, Patmos Verlag Dusseldorf, Deutschland, 1985.

7. KARDINAL PAULO EVARISTO ARNS, Volk Gottes von São Paulo, Auf dem Weg seiner Brefeiung, caderno em off-set, Missionszentrale der Franziskaner, Bonn, Deutschland, 1986.

8. PAULO EVARISTO ARNS, Kardinal der Ausgebeuteten, coord. Horst Goldstein, Editora Walter-Verlag AG, Olten und Freiburg, Schweiz, 1987.

9. PAULO EVARISTO ARNS, Von Hoffnung zu Hoffnung, Vorträge, Gespräche, Dokumente, org. Alois Schifferle, Patmos Verlag Dusseldorf, Deutschland, 1988.

10. PAULO EVARISTO ARNS, Cardeal da Esperança e Pastor da Igreja de São Paulo, diversos autores, Coordenação Pe. Helcion Ribeiro, Coleção Teologia em Diálogo, Faculdade de Teologia Nossa Senhora da Assunção e Edições Paulinas, São Paulo, 1989.

11. A MIRACLE, A UNIVERSE – SETTLING ACCOUNTS WITH TORTURERS, Lawrence Weschler, Penguin Books, New York, N.Y., 1990, Traduzido para o Português: UM MILAGRE, UM UNIVERSO: O ACERTO DE CONTAS COM OS TORTURADORES, Companhia das Letras, São Paulo, 1990.

12. DOM PAULO, AMIGO, IRMÃO, Francisco Antonio de Souza, Caderno em *off-set* CDCM do Brás, Centro de Do-

cumentação e Comunicação dos Marginalizados, Arquidiocese de São Paulo,1991.

13. FREI ANTONIO DE SANT'ANNA GALVÃO (Antonio Galvão de França) OFMDesc., Mosteiro das Irmãs Concepcionistas (Recolhimento de N. Senhora da Luz), Congregatio de Causis Sanctorum Prot. n. 1765, São Paulo, 1993 + Caderno da Celebração Eucarística de Ação de Graças pela Beatificação de Frei Galvão na Catedral da Sé, São Paulo, 08.11.1998.

14. ESPERANÇA SEMPRE, 1745-1995, Comissão dos Jubileus, Opúsculo, Arquidiocese de São Paulo, 1995.

15. ESPERANÇA PARA O POVO, O homem que transformou São Paulo com amor e coragem, Boletim, Cáritas Arquidiocesana de São Paulo, 1995.

16. A CAMINHADA DA ESPERANÇA, História da Igreja em São Paulo, Lourenço Diaféria, livro, Edições Loyola, São Paulo, 1996.

17. CARDINALI DEL TERZO MILLENIO, Grzegorz Gałązka, Livro de arte, Libreria Editrice Vaticana, Cidade do Vaticano, 1996.

18. CORINTHIANS, PAIXÃO E GLÓRIA, Juca Kfouri, Livro de arte, Editoras DBA-Melhoramentos, São Paulo, 1996.

19. ELOGIO A DOM PAULO, CARDEAL DO POVO DA RUA, Fascículo impresso, Fraternidade das Oblatas de São Bento, São Paulo, 1996.

20. HOMENAGEM AO ARCEBISPO DE SÃO PAULO, Deputado Hélio Bicudo, Livreto da Sessão Solene, Centro

de Documentação e Informação da Câmara dos Deputados, Brasília, 1996.

21. PAULO, O CARDEAL DAS LIBERDADES DEMO-CRÁTICAS, entrevista a Frei Betto, M. Auxiliadora A. C. Arantes e J. Wright, *Revista Cultura Vozes*, Petrópolis, n. 1, vol. 90, jan.-fev. 1996.

22. DIREITOS HUMANOS E SUA PROTEÇÃO, Hélio Bicudo, Editora FTD, São Paulo, 1997.

23. A ESPERANÇA CONTINUA: a nossa homenagem ao homem que transformou São Paulo com amor e coragem, Boletim, Cáritas Arquidiocesana de SP, 1998.

24. CARDEAL DO POVO, artigo em livro "ABI Sempre", Fernando Segismundo, Editora Unigraf, Rio de Janeiro, 1998.

25. DER FROHBOTSCHAFT VERPFLICHTET, Congregação Irmãs Canisianas, Erich Camenzind, Livro de arte, Editora Kanisius Verlag, Schweiz, 1998.

26. PAULO EVARISTO ARNS, Misionero de la Esperanza, Cardenal de los Excluídos, Arlindo Pereira Dias, Revista de Misionologia *Espiritus*, ano 39,4 n. 153, Quito, dez. 1998.

27. QUANDO DOM PAULO EVARISTO SE TORNOU EMÉRITO, série de textos-homenagens in *Vida Franciscana*, ano LV, n. 72, Província Franciscana da Imaculada Conceição do Brasil, dezembro de 1998.

28. QUE TODOS SEJAM UM: ecumenismo e diálogo inter--religioso na ação pastoral do cardeal-arcebispo de São Paulo, Dom Paulo Evaristo Arns, Jorge Miklos, Dissertação de Mestrado em Ciências da Religião, PUCSP,1998.

29. O PROFETA DA ESPERANÇA, Padre Urbano J. Alicate, caderno em *off-set*, São Paulo, s/d.

30. DE ESPERANÇA EM ESPERANÇA: missa em homenagem a Dom Paulo, 1986, letra e partitura na apostila "Cantando o Amor", Pe. Lucio Floro *in memoriam*, Universidade Católica de Santos, 1999.

31. DOM PAULO, DOUTOR EM TEOLOGIA, Mons. Dr. Roberto Mascarenhas Roxo, artigo + diversas outras referências, *Revista de Cultura Teológica*, Pontifícia Faculdade de Teologia Nossa Senhora da Assunção, São Paulo, 1999.

32. DOM PAULO EVARISTO ARNS, UM HOMEM AMADO E PERSEGUIDO, Evanize Sydow e Marilda Ferri, Editora Vozes, Petrópolis, 424pp. ilustradas, 1999.

33. PAULO EVARISTO ARNS, Pastor dos Pobres, Cardeal da Igreja, diversos autores, coord. Elza Ajzenberg, documento da outorga do título de Doutor *Honoris Causa* em Teologia, durante a Semana Jubilar dos 50 anos da Pontifícia Faculdade de Teologia Nossa Senhora da Assunção, São Paulo, 1999.

34. DOM PAULO EVARISTO ARNS, HOMEM AMADO E PERSEGUIDO, Prof. Oswaldo Furlan, recensão do livro do mesmo nome, de Evanize Sydow e Marilda Ferri, Revista *Encontros Teológicos*, ITESC, Florianópolis, 1999.

35. FREI BOAVENTURA KLOPPENBURG, OFM, José Alfredo Schierholt, Edição: Lajeado, o autor, Lajeado, 1999.

36. O CASO PADRE GIULIO VICINI E YARA SPADINI, Mons. Guido Piccoli, "Igreja Povo de Deus, 20 anos de ditadura militar", Editora O Recado, São Paulo, 1999.

37. PROFETISMO NO BRASIL À LUZ DO PROFETA AMÓS, Jaílson Alves de Oliveira, Monografia de conclusão de curso, Instituto de Teologia da Universidade Católica do Salvador, BA, 1999.

38. SUMARÉ, GENTE EM BUSCA DA FLOR, Sylvia Aranha de Oliveira Ribeiro, livro, Editora STS Publicações e Serviços Ltda., São Paulo, 1999.

39. THE ELEVENTH RECIPIENT, 1994, Revista *The Twentieth Anniversary of the Niwano Peace Foundation*, Niwano Peace Foundation, Tokyo, 1999.

40. DIÁLOGOS NA SOMBRA, Kenneth P. Serbin, livro, Companhia das Letras, São Paulo, 2001.

41. DA ESPERANÇA À UTOPIA: testemunho de uma vida, cardeal Dom Paulo Evaristo Arns (*autobiografia*), Editora Sextante, Rio de Janeiro, 2001.

42. GIOVANNI PAOLO II E I SUOI CARDINALI, Grzegorz Gałązka e Maria Moretti, Livro de arte, Libreria Editrice Vaticana, Cidade do Vaticano, 2001.

43. LIGHT AMONG SHADOWS, Heroes of Human Rights, diversos autores, Livro de arte, Institute for Policy Studies, Washington D.C., 2001.

44. O BISPO DE VOLTA REDONDA, Memórias de Dom Waldyr Calheiros, Editora FGV, Rio de Janeiro, 2001.

45. EU TE LOUVO, PAI! Dom Décio Pereira, livro, CEPE, Centro Ecumênico de Publicações e Estudos Frei Tito de Alencar Lima, São Paulo, 2002.

46. A UTOPIA DE ARNS, artigo em livro didático *Entre amigos: de religião para professor*, Editora Moderna, São Paulo, 2003.

47. DOM PAULO EVARISTO ARNS, UM SACERDOTE SOLIDÁRIO: leitura cristológica da solidariedade cristã no ministério sacerdotal, Leandro de Carvalho Raimundo, Monografia, Bacharelado em Teologia, Instituto Teológico Interdiocesano de Pouso Alegre, MG, 2003.

48. A VOCAÇÃO NACIONAL DA UNIÃO BRASILEIRA DE ESCRITORES, J. B. Sayeg e Caio Porfírio Carneiro, livro, RG Editores, São Paulo, 2004.

49. BIOÉTICA, MEDICINA E TECNOLOGIA, James Drane e Leo Pessini, livro, Centro Universitário São Camilo e Edições Loyola, São Paulo, 2005.

50. JUSTIÇA E PAZ: memórias da Comissão de São Paulo, Antonio Carlos Ribeiro Fester, Edições Loyola, São Paulo, 2005.

51. SERMÃO GRATULATÓRIO PELOS 60 ANOS DE SACERDÓCIO DE DOM PAULO EVARISTO ARNS, Dom Benedito de Ulhoa Vieira, Caderno impresso em *off- -set*, Uberaba, 2005.

52. COMISSÃO JUSTIÇA E PAZ DE SÃO PAULO: gênese e atuação política 1972-1985, Renato Cancian, EdUFSCar, Editora da Universidade Federal de São Carlos, São Carlos, 2005.

53. COMPAIXÃO EM PROCESSOS SOCIAIS E MUDAN-ÇAS INSTITUCIONAIS, O caso do Vicariato Episcopal do

Povo de Rua em São Paulo. Tese doutoral em Ciências Sociais, PUCSP, Fernando Altemeyer Júnior, São Paulo, 2006.

54. MINHAS MEMÓRIAS, Hélio Bicudo, Editora Martins Fontes, São Paulo, 2006.

55. EDUCAÇÃO EM DIREITOS HUMANOS, diversos autores, incl. Antonio Carlos Ribeiro Fester, Expressão Gráfica Editora, São Paulo, 2007.

56. CENTENÁRIO DA ABI – ASSOCIAÇÃO BRASILEIRA DE IMPRENSA, Revista edição especial Petrobrás – Governo do estado do Rio de Janeiro, Rio de Janeiro, 2008.

57. HOMENAGEM A DOM PAULO, no Centenário da Arquidiocese, Maria Ângela Borsoi, Opúsculo, Secretariado Arquidiocesano de Pastoral, São Paulo, 2008.

58. A ARQUIDIOCESE DE SÃO PAULO NA GESTÃO DE DOM PAULO EVARISTO ARNS 1970-1990, Dissertação em História Social, Cátia Regina Rodrigues, Programa de Pós-Graduação, Depto. de História? Faculdade de Filosofia, Letras e Ciências Humanas da Universidade de São Paulo, 2008.

59. FÉ NA LUTA: a Comissão Justiça e Paz de São Paulo: da ditadura à democratização, Maria Victoria de Mesquita Benevides. Editora Lettera. São Paulo, 2009.

60. O CARDEAL E O REPÓRTER: histórias que fazem História, Ricardo Carvalho, Global Editora, São Paulo, 2010.

61. O CARDEAL DA RESISTÊNCIA: as muitas vidas de Dom Paulo Evaristo Arns, Ricardo Carvalho, Instituto Vladimir Herzog Editora, São Paulo, 2013.

62. DOM PAULO EVARISTO, CARDEAL ARNS: Pastor das Periferias, dos Pobres e da Justiça, diversos autores, org. Professor Waldir e Padre Ticão, Secretaria de Estado da Cultura de São Paulo e Casa da Terceira Idade Tereza Bugolim, São Paulo, 2015.

63. MEMÓRIAS DA IGREJA DE SÃO PAULO: homenagem ao cardeal Dom Paulo Evaristo Arns no seu Jubileu Áureo Episcopal, diversos autores, org. Valeriano dos Santos Costa, Editoras EDUC-da PUC e Paulus, São Paulo, 2016.

64. DOM PAULO EVARISTO ARNS, OFM: figura gigantesca. Necrológio por frei Clarêncio Neotti, in *Vida Franciscana*, ano LXXIII, n. 90, Província Franciscana da Imaculada Conceição do Brasil, dezembro de 2016.

Teve câncer

Um dia Dom Paulo me ligou. Eu era guardião do Convento Santo Antônio do Rio. Pediu-me para representá-lo no lançamento de um livro, no sofisticado Clube Caiçara, na Lagoa. Obedeci. Foi um lançamento de alto luxo, com petiscos que eu jamais vira. Dom Paulo era convidado porque escrevera um dos capítulos do livro, com depoimentos de pessoas que haviam passado pelo câncer. O autor queria mostrar como se pode superar o desespero de uma doença tida como fatal. Confesso que não me lembro do título do livro e não mais o encontrei em minha estante, provavelmente emprestado a alguém e nunca mais devolvido. Mas copiei no computador as páginas escritas por Dom Paulo Evaristo. E as transcrevo agora. A superação do câncer deve ter acontecido em torno do ano 2000 e o depoimento deve ter sido escrito em 2005.

Meu amigo, descrever a história do câncer que eu tive é sempre um momento doloroso, porque acabo revivendo as dores e os tormentos que vivi naqueles dias, quando realmente não estava preparado para isso. Na realidade, acho que ninguém está preparado para lidar com uma situação dessas.

Já tive alta, mas ainda faço acompanhamento com um dos maiores oftalmologistas do Brasil. Na época, ele estava me examinando e não conseguia descobrir o que é que tanto me incomodava no olho esquerdo. Então, um dia, ele me chamou um especialista em câncer que também é oftalmologista. E esse médico sugeriu que eu fizesse outro exame. Foi quando recebi o diagnóstico de que estava realmente com um tumor no olho.

No dia em que fui receber a notícia do diagnóstico havia três especialistas em câncer para conversar comigo. Assim, eu já percebi que a coisa era ruim. Foi quando um deles me disse que eu tinha mesmo câncer no olho esquerdo e que esse câncer poderia se propagar para o olho direito.

No dia seguinte, comecei o meu tratamento no Hospital Sírio-Libanês. Entrei numa espécie de forno, onde fiz aplicações de radioterapia. Mas o fato é que dez dias e 21 aplicações depois, soube que ainda não estava curado.

Assim, fiz cinco aplicações de quimioterapia. Dizem que a quimioterapia tem ingredientes muito violentos para o nosso organismo, mas eu aceitei de boa vontade, porque não queria deixar de enxergar. Já estava contando com a ajuda de um assistente para rezar as minhas missas. Eu não queria ficar cego, de jeito nenhum.

Entretanto, mesmo depois da quimioterapia, não obtive um resultado positivo no tratamento. Aí eu voltei ao oftalmologista que me atendia e ele me disse que conhecia um médico brasileiro que havia voltado dos Estados Unidos e que tratara de mais de 2.500 pacientes com câncer no olho e havia curado com cirurgia todos esses pacientes, sem nenhum acidente. Esse médico poderia me operar. Ele me disse que tinha acabado de montar o aparelho para proceder a esse tipo de operação, em São Paulo, e que só estava esperando a primeira pessoa que aceitasse fazer a cirurgia. Eu fui lá, com a licença do meu oftalmologista, e, depois de três horas, saí de lá sem óculos e vendo todas as coisas, nitidamente, em todas as partes. E eu já estava há quatro meses sem conseguir ler um jornal, sem praticamente enxergar mais nada, e do olho esquerdo o tumor já tinha passado para o direito. Eu só via fantasmas ambulantes, não conseguia ver cores, nem formas definidas, nem o rosto das pessoas. E saí da operação vendo tudo.

Quando terminou a operação, o médico me perguntou: O que é que você está vendo? E eu respondi: Estou vendo a sua gravata com todos os detalhes: deve ser francesa ou americana.

Ele me disse que era americana, mas me perguntou se o que eu estava vendo eu já via antes da operação. Eu disse a ele que não, que antes não estava vendo nada. Assim, esse médico me pôs aquelas letras em formato grande, médio, pequeno e mínimo, e eu li as letras no tamanho mínimo. Então, o médico me disse: O senhor está enxergando melhor que eu.

Prefiro não dizer publicamente, aqui neste depoimento, o nome dos médicos, mas digo pessoalmente para quem me procurar para quem quiser saber. O mais importante é as pessoas saberem que esses médicos existem e que é possível se curar de um câncer no olho.

De tudo isso, posso dizer algumas coisas sobre os meus sentimentos. Na época em que estava enfrentando esse câncer, eu fiquei sumamente impressionado, muito triste e muito abalado com o fato de não poder mais celebrar missas, nem poder mais ordenar os padres, nem mais conferir a crisma. Fiquei muito abalado com tudo isso. Mas aprendi uma coisa: São Francisco disse que a gente não sabe meditar o Pai-Nosso. Quando estava doente, eu começava a rezar o Pai-Nosso às cinco e meia da manhã. Fazia o sinal da cruz e começasse a rezar: "Pai Nosso que estais no céu, santificado seja o Vosso nome". E eu pensava em cada frase, em cada palavra, em cada imagem tinha pensado no Pai-Nosso daquela forma, com tanta intensidade. O que foi mais impressionante para mim é que eu já era padre há 55 aos. Eu já rezava o Pai-Nosso todos os dias, ao longo de todos aqueles anos. Mas foi só depois do câncer, só depois da cegueira, que eu realmente aprendi a rezar o Pai-Nosso com tanta entrega, com uma força tão impressionante, e a compreender São Francisco de Assis de forma tão plena. E hoje em dia eu continuo rezando o Pai-Nosso assim, com essa intensidade, umas 30 ou 50 vezes por dia.

Vou dizer uma coisa: a experiência do câncer me aproximou ainda mais de Deus. Depois do câncer eu percebi que não rezava mais sozinho o Pai-Nosso – Cristo rezava comigo, e, quando Ele reza com a gente, o céu e a terra se unem. Estou com 84 anos atualmente e já tive muitas alegrias na vida. Uma das minhas grandes alegrias foi superar esse câncer e me sentir ainda mais preparado, de todas as formas, para dar apoio às pessoas que precisam.

Depois da doença, eu me tornei mais otimista, sobretudo em relação à Medicina, que está fazendo progressos enormes. É fundamental que as pessoas façam todos os exames preventivos disponíveis e tenham acesso a eles. Apresentando ou não sintomas, precisamos nos cuidar, nos prevenir. No meu caso, o olho começou a doer e me incomodava muito; eu fui enxergando cada vez menos.

Mas, às vezes, o sintoma de um câncer não aparece, não dá um sinal. Por isso temos que nos cuidar de toda forma possível.

E sabe de uma coisa? Eu contei do meu tumor para todo mundo, não escondi nada de ninguém, contei até para o Papa João Paulo II. Eu era muito amigo do João Paulo II. E então, uma vez, quando nos encontramos, ele me disse, em alemão: Deus não me deu o dom de fazer milagres, mas eu gostaria de curar o senhor. Se eu fosse santo, eu faria esse milagre. De fato, Deus não me deu o dom de fazer milagres, mas me deu o de rezar para que o senhor encontre aqui na Terra um bom substituto.

Assim, eu respondi a ele: Eu só peço a sua oração. E ele retrucou: O senhor terá a minha oração todos os dias.

Quando estava doente e depois, pensei o tempo todo que a oração do João Paulo II pode ter me levado a procurar pelos médicos certos, no momento certo. Nunca imaginei que o câncer pudesse aprofundar a minha fé, e foi isso exatamente o que aconteceu. Essa doença fez com que eu dissesse a Deus, nas minhas orações, que cada órgão humano é um presente sem igual.

Acho que foi depois do câncer que realmente passei a enxergar a beleza das coisas, das pessoas, e não simplesmente a sombra da realidade.

Fala a 800 jornalistas em Aparecida

Não posso esquecer o apoio que Dom Paulo Evaristo deu ao Congresso Mundial da União Católica Internacional de Imprensa, que organizei em Campos do Jordão em setembro de 1992, com o tema: "Imprensa, caminho de solidariedade". Ainda na fase de preparação recebeu no seu gabinete de trabalho, em São Paulo, a mim e o Presidente Jean-Marie Brunot. Depois aceitou celebrar a missa de encerramento na Basílica de Aparecida. Éramos em torno de 800 jornalistas, de 81 países. Transcrevo um trecho do meu ainda inédito livro de memórias:

> Durante toda a semana tivemos tempo bom. Mas o domingo cedo, dia 27 de setembro, amanheceu mais que chuvoso, tempestuoso. E choveu a manhã toda e boa parte da tarde. Um ônibus até se perdeu e não chegou à Basílica, que estava cheia, lotada. O cardeal Arns nos esperava com paciência. O clima fez com que os copos d'água da Minalba fossem distribuídos a quem quisesse. Todos os bispos e padres puderam concelebrar. A Irmã Custódia Cardoso dirigiu os cantos. O folheto trazia as orações, os cantos, as leituras em português, inglês, francês e alemão.
>
> Dom Paulo, como sempre, soube encaixar o tema da solidariedade, da comunicação nos textos da missa. Expressou-se em português, francês e alemão. Na sacristia conversamos antes sobre como tinha andado o Congresso e ele fez uso de alguns fatos, como se tivesse participado em Campos do Jordão, e isso impressionou muito. Não podíamos ter escolhido lugar melhor para essa missa que, de alguma forma, era também de encerramento. A multidão presente na Basílica encantou os europeus e os norte-americanos. Mas o que mais impressionou, ao menos, foram os comentários que escutei, foi a participação de todos nos cantos e orações e os aplausos que a multidão dava ao cardeal, interrompendo o sermão nos momentos oportunos, como para dizer: estamos de acordo.

Celebra 50 anos de sacerdócio

A Arquidiocese uniu duas festas: os 250 anos da criação da Diocese de São Paulo (06 de dezembro de 1745) e os 50 anos de padre de Dom Paulo Evaristo (30.11.1945).

Na ocasião foi profusamente distribuído um folheto de 16 páginas sobre a caminhada da Diocese e a oração seguinte: Ó Deus, Pai de bondade, nós vos louvamos por todas as graças que nestes dois séculos e meio destes à vossa Igreja que está em São Paulo. E também, Senhor, a imensa graça dos cinquenta anos de padre de nosso querido Pastor Dom Paulo. De todo o coração pedimos o vosso auxílio para que continuemos o trabalho de tantos que nos precederam, para que vivendo a fé e testemunhando sempre a esperança, possamos edificar uma Igreja segundo o vosso coração: uma Igreja que se esforce para viver em comunhão, formando verdadeiras comunidades; uma Igreja que se coloque a serviço de todos, em especial dos vossos preferidos: os pobres e os excluídos; uma Igreja, Senhor, que participe da construção de uma sociedade justa e solidária a serviço da vida e da esperança. Tudo isso, Pai, unidos no Espírito Santo, vos pedimos por Jesus Cristo, vosso Filho e nosso Senhor. Amém.

Herdei sua biblioteca de Patrística

Depois que Dom Paulo se tornou arcebispo emérito, foi morar no Jardim Guapira, Rua Antonieta Altenfelder, 986. Em começos de setembro de 2006, me telefonou o cardeal Hummes, então arcebispo de São Paulo, pedindo que eu fosse à casa de Dom Paulo com alguma urgência. Eu morava no Santo Antônio do Largo da Carioca no Rio de Janeiro. Fui. Dois eram os assuntos. Um, repassar algumas pastas sigilosas e ver o que devia ir para o arquivo da Arquidiocese e o que deveria ser destruído. Outro, me passar toda a biblioteca particular de patrística.

Quanto ao primeiro ponto, levei meio dia para selecionar o material das pastas. Queimei dezenas de cartas, evidentemente caluniosas, a maioria anônima, mas todas dentro da ideologia da ditadura de que não importam os meios, mas importa destruir as pessoas que pensam diferente. Eram cartas satanicamente caluniadoras da dignidade do arcebispo, de seus bispos auxiliares e de vários outros sacerdotes colaboradores da Arquidiocese. As cartas assinadas vinham com nomes e endereços falsos. Algumas até com papel timbrado da Secretaria de Estado do Vaticano ou da Nunciatura Apostólica. Pior: algumas com a assinatura falsificada de algum arcebispo, como se fora uma carta de irmão para irmão, dando conselhos. Como eu havia colecionado vários boletins diocesanos falsificados (inclusive o jornal da Arquidiocese *O São Paulo*) pelos baixos e ignorantes agentes da ditadura, alguns dados como impressos pela Vozes ou pelas Paulinas, não me escandalizaram as cartas mandadas para Dom Paulo. Mas seria honra demais guardá-las nos arquivos.

O segundo assunto de uma parte me honrava muito: ser herdeiro da biblioteca de Dom Paulo. Por outra parte me preocupava uma possível reação da Cúria arquidiocesana. Telefonei a Dom Cláudio e ele me confirmou a vontade de Dom Paulo. Mesmo assim pedi a Maria Ângela Borsoi que elaborasse uma espécie de ata que tanto ela quanto Dom Paulo assinaram. Transcrevo:

Em encontro mantido na residência do arcebispo emérito na tarde de 13 de setembro de 2006 com o Em.^{mo} Cardeal Dom Cláudio Hummes, que o visitava para cumprimentá-lo pelo 85º aniversário natalício, o Em.^{mo} Dom Paulo Evaristo Arns acertou detalhes sobre a destinação futura do seu atual acervo de livros. Dom Paulo me informou de tal acerto na manhã seguinte ao encontro, acrescentando que Dom Cláudio decidiu convocar para ajuda o Revmo. Sr. Frei Clarêncio Neotti, OFM, do Convento Santo Antônio do Rio de Janeiro. Frei Clarêncio, por sua vez, compareceu para encontro com Dom Paulo na manhã de 20 de setembro de 2006. Ao término da reunião, Dom Paulo o apresentou a mim, recomendando que eu o acolhesse e com ele combinasse os detalhes práticos sobre a resolução tomada. Frei Clarêncio então me informou que Dom Paulo destinou aos cuidados dele: a) a coleção completa encadernada dos livros de autoria de Dom Paulo; b) todos os livros das prateleiras de Patrologia e História da Igreja, incluindo ainda a coleção completa francesa *Sources Chrétiennes*; c) os dicionários antigos, trazidos por Dom Paulo ao escritório no momento em que se tornou bispo, no ano de 1966.

Frei Clarêncio sugere que por enquanto tudo permaneça como está, a serviço e para utilização de Dom Paulo, e que, quando chegar o dia da mudança, nós utilizemos os préstimos da Editora Vozes, de Petrópolis, para as tarefas de embalagens e transporte. Recomendou, por fim, que eu preparasse a presente ata e que a mesma fosse apresentada a Dom Paulo Evaristo, para que a assinasse em duas vias, remetendo em seguida uma das vias a ele e conservasse a outra em poder de Dom Paulo. E eu, dando cumprimento às ordens recebidas, redigi este termo nesta data, atestando a verdade de tudo o que aqui está declarado e apresentando o texto ao seu Em.mo solicitante, o arcebispo emérito de São Paulo, Dom Paulo Evaristo Arns, para que o ratifique e assine. São Paulo, 26 de setembro de 2006.

Por que eu não quis levar embora de imediato a biblioteca de Dom Paulo? Porque escutara dele inúmeras vezes que, quando se aposentasse, queria escrever vários livros a partir dos textos patrísticos. Iria necessariamente usar a biblioteca.

No dia 5 de março de 2007, em carta manuscrita, me pedia para retirar os livros, porque mudaria de casa: "Passo à minha pequena ermida junto ao convento de nossas Irmãs. E os pedreiros vão começar a reformar a residência em que me encontro". Cinco dias depois telefonou, insistindo para eu marcar a data de pegar os livros. Frei José Luiz Alves foi comigo numa S10 a São Paulo e carregamos os livros, que ficaram todos na biblioteca do Convento Santo Antônio do Largo da Carioca. Entre os livros estava a coleção completa *Sources Chrétiennes*, com mais de 250 volumes, que Dom Paulo recebia por assinatura paga. Os dicionários eram os mesmos que usara nos tempos em que elaborou a tese na Sorbonne. Alguns livros, sobretudo teses doutorais sobre algum Santo Padre, tinham belíssimas dedicatórias.

50 anos de episcopado

Em começos de julho de 2016, Dom Paulo Evaristo celebrou 50 anos de ordenação episcopal. Apesar de debilitado concelebrou a missa de Ação de Graças na Catedral da Sé, almoçou no Convento São Francisco e recebeu homenagens, sobretudo o carinho do povo. Copio o texto de Erika Augusto, saído nas *Comunicações* de agosto.

Um dia de festa para a Arquidiocese de São Paulo, para a Província Franciscana da Imaculada Conceição e para toda a Igreja. Cardeais e bispos de todo o Brasil, o clero, religiosos e religiosas, autoridades, leigos e familiares se reuniram na Catedral da Sé para celebrar os 50 anos da Ordenação Episcopal de Dom

Paulo Evaristo Arns. A missa foi presidida pelo cardeal Odilo Pedro Scherer, arcebispo da Arquidiocese de São Paulo e concelebrada por Dom Giovanni D'Aniello, Núncio Apostólico no Brasil, cardeal Cláudio Hummes, arcebispo emérito da Arquidiocese de São Paulo, cardeal Orani Tempesta, arcebispo do Rio de Janeiro, cardeal Raymundo Damasceno, arcebispo de Aparecida, Dom Murilo Krieger, arcebispo de Salvador e vice-presidente da CNBB, Dom Leonardo Ulrich Steiner, bispo auxiliar de Brasília e secretário-geral da CNBB, Dom João Bosco B. de Souza, bispo da Diocese de Osasco, entre outros.

Fernando Haddad, prefeito de São Paulo, estava com sua esposa Ana Estela Haddad. A senadora Marta Suplicy, a deputada Luiza Erundina e Gabriel Chalita também participaram da celebração. Além do clero e das autoridades, os leigos se fizeram presentes. Movimentos sociais carregavam faixas e bandeiras, marcando presença nesse momento de ação de graças.

A cerimônia teve início às 10h e, após a procissão de entrada, Dom Paulo Evaristo Arns foi recebido pelos presentes com grande emoção. Com a saúde debilitada, aos 94 anos, o arcebispo emérito teve disposição de cantar a Oração de São Francisco de Assis, animada pelo coral. Esteve durante boa parte do tempo sentado. As homenagens aconteceram logo no início da celebração.

Dom Leonardo Ulrich Steiner foi o primeiro a falar. O bispo é primo de Dom Paulo, e falou em nome da família. Chico Whitaker falou em nome dos leigos e recordou uma frase do arcebispo: "Nossos atos é que confirmam as nossas escolhas". Chico recordou também que na Quarta-feira de Cinzas de 1996, durante a abertura da Campanha da Fraternidade, o então arcebispo dizia: "Não fazer política é a pior maneira de fazer política".

A luta de Dom Paulo contra o regime militar foi lembrada durante toda a cerimônia. Padre Fernando Ramiro falou em nome do clero. Ele foi o primeiro padre ordenado por Dom Paulo, e recordou que o franciscano dizia que um frade menor não deveria ser um irmão maior. Mas que a graça de Deus agiu na vida da cidade de São Paulo através da ação de Dom Paulo. O sacerdote recordou que Dom Paulo permaneceu 28 anos à frente da Arquidiocese de São Paulo, o episcopado mais longo do século XX, e agradeceu pela coragem do cardeal. "Vossa Eminência foi uma das poucas vozes do episcopado brasileiro naqueles anos de chumbo a gritar contra as brutalidades da ditadura", concluiu.

Dom Murilo Krieger ressaltou o trabalho do arcebispo em prol dos direitos humanos e afirmou que Dom Paulo ajudou na construção de um Brasil melhor e mais justo. "Naquele momento e naquela circunstância o senhor fez o que precisava ser feito e o fez em nome de Jesus Cristo e dos mais fracos. As gerações atuais têm uma grande dívida para com o senhor. Espero que seu exemplo e seu testemunho em defesa da democracia sirvam de exemplo", afirmou o vice-presidente da CNBB. Em seguida Dom Odilo leu uma mensagem do governador do estado de São Paulo, Geraldo Alckmin.

O grande homenageado do dia também falou aos presentes, encorajando-os e afirmando: "Deus é bom". Dom Paulo falou ainda a respeito da eternidade, e disse que ela "não termina nunca". Ao final de suas palavras, o arcebispo foi ovacionado.

O Núncio Apostólico no Brasil, Dom Giovanni D'Aniello, leu a mensagem do Papa Francisco enviada especialmente para a ocasião. O Santo Padre afirmou que se unia à Ordem dos Frades Menores, à Província Franciscana da Imaculada Conceição do Brasil e à Arquidiocese de São Paulo neste dia. O Papa Francisco agradeceu a Dom Paulo pelo zelo episcopal com todo o povo de Deus, sobretudo na defesa aos direitos humanos, e recordou o Papa Paulo VI e São João Paulo II, que estiveram diversas vezes com Dom Paulo. E concluiu a mensagem dando graças a Deus pela vida e missão do arcebispo.

Em sua homilia, Dom Odilo Pedro Scherer recordou a ordenação episcopal de Dom Paulo Evaristo Arns, que aconteceu no dia 3 de julho de 1966, na Paróquia Sagrado Coração de Jesus, em Forquilhinha, SC. O cardeal recordou aos presentes um pouco da história de Dom Paulo à frente da Arquidiocese de São Paulo. O lema episcopal *Ex spe in spem* (De esperança em esperança) foi uma marca, segundo Dom Odilo.

"Movido pela esperança cristã, Dom Paulo continuou firme na promoção daquilo que a fé ensina e o amor exige, animando também a comunidade arquidiocesana a caminhar e agir na mesma esperança. Esta de fato é a atitude própria da Igreja de Cristo, que não esmorece no anúncio do Evangelho, mesmo quando ela precisa ir contra os poderes e a cultura dominante, mesmo quando os frutos não aparecem imediatamente, ou quando isso cobra o preço da perseguição", ressaltou Dom Odilo.

Entre os presentes recebidos por Dom Paulo durante a celebração estava um belíssimo quadro, que foi entregue pelo Ministro Provincial, frei Fidêncio Vanboemmel e por frei Evaristo

Spengler, nomeado bispo da Prelazia do Marajó. Algumas crianças entraram em procissão, levando flores a Dom Paulo, que ganhou também um livro comemorativo com fotos de seu trabalho da Arquidiocese de São Paulo.

Após a missa Dom Paulo, seus familiares e alguns cardeais e bispos foram recebidos para um almoço singelo e festivo no Convento São Francisco de Assis. Frei Fidêncio acolheu a todos e disse algumas palavras a Dom Paulo. O frade leu um trecho da carta do Ministro Provincial na época em que Dom Paulo foi nomeado bispo, saudando-o pela nomeação episcopal. "Sua designação para auxiliar em São Paulo se reveste de particular importância – graças a Deus não o mandaram para o mato", brincava o Ministro Provincial da época. Frei Fidêncio salientou que não mandaram Dom Paulo "para o mato", mas para uma selva de pedras repleta de desafios, onde Dom Paulo exerceu seu ministério episcopal de maneira profética, e pediu que Dom Paulo, do eremitério onde vive atualmente, continuasse mandando para a Província a tríplice bênção.

Me expectant iusti (Sl 142,8)

No dia 9 de dezembro de 2016, o *site* da Província avisava:

Com 95 anos, no domingo dia 27 de novembro, Dom Paulo celebrou na Catedral de São Paulo seus 71 anos de sacerdócio. Na segunda-feira, foi internado na UTI do Hospital Santa Catarina, com diagnóstico de pneumonia e outras complicações.
Na tarde de hoje, Fr. César Külkamp, Fr. Odorico Decker e Fr. Diego Atalino visitaram-no. Ele está consciente. Demonstra fra-

queza física, mas não de ânimo. Alimenta-se por sonda. É notável a positividade dele. Mostra-se agradecido pelas orações, não reclama de nada e manda saudações aos Frades. As Irmãs Franciscanas da Ação Pastoral revezam-se no cuidado zeloso a ele.

O quadro clínico de Dom Paulo é delicado. No dia de amanhã, ele completa 76 anos de consagração na Vida Franciscana, nosso sênior em tempo de Ordem. Rendamos graças ao Senhor e incluamos Dom Paulo em nossas preces!

No dia 12 de dezembro à tarde, frei Mário Tagliari nos passava outra notícia:

Fr. Diego e eu acabamos de visitar Dom Paulo. O quadro piorou. A Irmã que o acompanha informou que o médico disse que os rins pararam, a febre continua e que daqui para frente será na hora dele. Quando rezamos e demos a bênção, ele reagiu, mostrando que tem alguma consciência.

No dia 14, logo após o almoço, chegou a última notícia:

Aos 95 anos, faleceu às 12h30, nesta quarta-feira (14/12, Festa de São João da Cruz), o cardeal Dom Paulo Evaristo Arns, arcebispo emérito da Arquidiocese de São Paulo. Ele estava internado no Hospital Santa Catarina, desde o dia 28 de novembro, em decorrência de uma broncopneumonia.

Comunicado do ministro provincial

Com muito pesar, a Província Franciscana da Imaculada Conceição do Brasil recebeu a notícia da Páscoa derradeira do nosso querido confrade e bispo, Dom Paulo Evaristo, cardeal Arns.

Sem dúvida, uma grande perda, pois viveu intensamente a sua vida e missão franciscana em plenitude. "Amado por Deus e pelos homens", hoje foi recebido na mansão radiante do céu porque em vida lutou como profeta em favor dos direitos de toda a criatura humana, especialmente das pessoas mais fragilizadas e oprimidas.

Dom Paulo mesmo dividiu a história de sua vida em três partes: a família, a vida franciscana e a vida episcopal a serviço da Igreja.

Hoje, como Ministro Provincial e em nome desta Província, louvo e agradeço a Deus pelo seu testemunho franciscano que determinou a trajetória de toda a sua vida.

O seu testemunho iluminou e encorajou não só a nós, seus confrades, mas a vida religiosa e a vida dos cristãos, especialmente na América Latina, onde foi uma liderança ímpar, principalmente nas assembleias de Puebla e Medellín, da Conferência Episcopal Latino-americana. E o que dizer dos tempos da ditadura militar, quando se fez voz dos sem voz?

O nosso irmão Dom Paulo passou para a Casa do Senhor, alegremo-nos por ele, que alimentou na fé seu lema episcopal: "De esperança em esperança".

Que, da eternidade, Dom Paulo interceda pela nossa Igreja para que ela continue a ser a Igreja profética do Concílio Vaticano II e a sonhada Igreja do Papa Francisco, devotada às grandes causas sociais e humanitárias.

Que Dom Paulo, o incansável homem da esperança, ore pela nossa Pátria que neste momento vive uma profunda crise institucional, carente de ética e de cuidados para com os mais pobres, os doentes, os sedentos de justiça e paz.

Louvado seja meu Senhor, pela Irmã Morte, que nesta manhã visitou e libertou Dom Paulo da fragilidade do seu corpo, para viver a plenitude da liberdade dos filhos de Deus (frei Fidêncio Vanboemmel).

Mensagem do ministro-geral

É com grande pesar que soube da morte do cardeal Dom Frei Paulo Evaristo Arns neste dia 14 de dezembro de 2016. Ao mesmo tempo, confiante em sua presença com Deus, quero expressar a minha profunda gratidão a Deus por este irmão que dedicou sua vida à Ordem Franciscana e à Igreja, especialmente à Igreja particular de São Paulo.

Acredito que o cardeal Arns nos ensinou muito com a sua vida, seus atos e seu pensamento publicado. Ele viveu uma eclesiologia nascida do Evangelho na situação concreta do povo de Deus que lutava pela sobrevivência com dignidade. Em sua obra *Da esperança à utopia*, ele expressa com clareza sua preocupação com as pessoas mais pobres da sociedade: "Nossa preocupação não é a sorte dos teólogos e sim das imensas massas de famintos e injustiçados"; e também: "A Igreja dos pobres nasce no meio de suas lutas de libertação e são estas que vão fazer surgir uma nova prática de Igreja naquele meio".

O cardeal Arns antecipou o que o Papa Francisco vem insistindo. Ainda em sua obra *Da esperança à utopia*, o cardeal escreveu:

A Igreja não pode permanecer confinada nos seus edifícios, nem tampouco na linguagem hermética de sua teologia oficial. Deve falar de forma a ser compreendida. É preciso que ela anuncie a essas centenas de milhares algo que lhes diga respeito, que ilumine a sua vida, que seja uma esperança como foi a passagem de Jesus entre eles.

Quero também expressar a gratidão da Ordem à Província da Imaculada Conceição por tão grande dedicação pela vida franciscana e pela evangelização numa grande área geográfica e demográfica do Brasil. Dom Paulo é fruto também desta dedicação e viveu em um período de especial contribuição da Província para com a Igreja e a Ordem, inclusive com o futuro ministro-geral.

De agora em diante sabemos que temos mais este irmão para interceder por nós que continuamos no esforço de vivermos autenticamente o Evangelho como São Francisco de Assis em uma "Igreja pobre para os pobres".

"Louvado sejas, meu Senhor, por nossa Irmã a Morte corporal, da qual nenhum homem vivo pode escapar ... Felizes os que ela achar conformes à vossa santíssima vontade, porque a morte segunda não lhes fará mal!"

Obrigado, Dom Paulo! Deus continue abençoando todos os confrades desta Província! (frei Michael A. Perry, OFM, ministro-geral e servo).

Mais depoimentos

"A história nos irá dizer cada vez mais quem é Dom Paulo Evaristo Arns, homem de Deus, esquecido de si e totalmente dedicado ao povo de Deus. Com seu coração grande e paterno soube acolher a todos sem distinção. Não foi só o pai dos católicos, mas de todos os homens e mulheres de boa vontade. Não amou só os que estavam ao seu lado, mas, à imitação de Cristo, amou a todos. Incompreendido, tentou compreender. Todos concordam em reconhecer seu amor para com os pobres, pequenos e marginalizados" (frei Patrício Sciandini, carmelita).

"Seu testemunho pessoal motiva novos testemunhos. Dom Paulo não deixa ninguém sossegado. O Evangelho que o incomoda, brilha e borbulha, nas suas palavras e em seu olhar perspicaz. Este Pastor sabe que somos filhos da memória perigosa da cruz. Este frei franciscano planta em cada coração a grandeza do amor e a audácia do visionário. Crê na esperança, pois bebe cada manhã de seu poço. Ele sabe, porque experimenta na fonte inesgotável do amor, que cada um de nós é outro Cristo para seus irmãos. Sabe que quanto mais água se tira do poço divino mais pura e cristalina a fonte se revela" (Fernando Altemeyer).

Na memorável Missa da Gratidão, de maio de 1998, em que Dom Paulo se despediu de seu povo que abarrotou a Catedral, ecoou a voz do leigo e grande líder católico dr. Plínio de Arruda Sampaio, em emocionante discurso ao Pastor que deixava a cátedra. Ele listou a gratidão dos bispos, dos padres que Dom Paulo comandou e formou, dos religiosos e religiosas, das pessoas consagradas, do povo da periferia, do trabalhador, da dona de casa, dos jovens, dos aposentados, das pessoas humildes das Cebs, dos migrantes, dos sem casa, das crianças e adolescentes, dos injustiçados, dos presos políticos e dos comuns, dos intelectuais que ficaram sem cátedra, e dos teólogos que tiveram a coragem de explorar as fronteiras do conhecimento de Deus, chegando a sofrer incompreensões no interior da própria Igreja. Destacou que a Arquidiocese de São Paulo recebeu do cardeal Arns tudo o que se pode esperar de um bispo: direção, exemplo, compreensão, coragem, dando graças ao Senhor por ele ter sido a porta que não ficou fechada, a voz que não ficou calada e o gesto que renovou a esperança. A respeito desta lista tão extensa, o cardeal Lorscheider escreveu: "O que nele mais impressiona é a sua simplicidade, modéstia, calma, serenidade, otimismo, esperança, lucidez, orientado por uma fé profunda e um amor pastoral imenso pelos que a Providência lhe confiou em sua qualidade de Pastor".

Família franciscana celebrou missa de corpo presente

Transcrevo o que Moacir Beggo escreveu para o *site* da Província:

A Família Franciscana se reuniu na manhã desta sexta-feira (16/12), às 10 horas, para prestar a última homenagem a Dom Paulo Evaristo Arns e, como destacou o Ministro Provincial, frei Fidêncio Vanboemmel, "celebrar, no espírito de São Francisco de Assis, a visita da Irmã Morte e o mistério pascal deste nosso querido confrade e pastor".

Frei Fidêncio presidiu a celebração e teve como concelebrantes o arcebispo de Porto Alegre e seu Confrade, Dom Jaime Spengler, e o arcebispo de Ribeirão Preto, Dom Moacir Silva. Entre os religiosos presentes, o Ministro Provincial dos Frades Menores Capuchinhos, frei Carlos Silva, e do Ministro Provincial dos Frades Menores Conventuais, frei Gílson Nunes.

A Ação de Graças dos Franciscanos aconteceu cinco horas antes do sepultamento, previsto para após a missa das 15 horas. A celebração foi simples, mas emocionante e fraternal como se esperava dos seus Confrades e da Família Franciscana. Frei Fidêncio, na sua homilia lembrou que Dom Paulo rezava e repetia com muita frequência o *Cântico das Criaturas*, o hino que o próprio São Francisco pediu que os Frades cantassem no momento de sua morte. No final da celebração, o Ministro Provincial repetiu o gesto e chamou todos os Frades para perto do corpo de Dom Paulo. Pediu que cantassem este hino enquanto fez a encomendação do corpo. Foi difícil segurar as lágrimas neste momento!

Em dois dias de velório, o povo fez filas para se despedir de Dom Paulo e participar de uma das 23 missas de corpo presente, enchendo sempre a Catedral. No intervalo entre as celebrações, o público pôde se aproximar do corpo de Dom Paulo, que será sepultado na cripta da catedral, localizada no subsolo, onde estão sepultados 11 bispos, dois arcebispos, o cacique Tibiriçá, que foi catequizado por jesuítas, além do regente Feijó e o padre Bartolomeu de Gusmão, que ficou conhecido pela invenção dos balões. Dom Paulo será o terceiro arcebispo e o primeiro cardeal a ser sepultado no local. Dom José Gaspar, em 1943, foi o último arcebispo sepultado ali.

Tendo presente este hino de São Francisco, frei Fidêncio disse que a atitude, enquanto franciscanos/as, religiosos/as e povo de Deus, neste dia em que sepultamos o corpo de Dom Paulo, deve ser a da gratidão ao "Altíssimo, Onipotente e Bom Senhor". "Louvado sejas, meu Senhor, pela vida de Dom Paulo. Louvado sejas, meu Senhor, porque cumulastes este vosso servo Dom Paulo com tantas virtudes. Virtudes enaltecidas por multidões de pessoas que aprenderam, no ouvir e ver, a amar e a admirar este homem de Deus. Louvado sejas, meu Senhor, porque nos destes este Confrade. Como São Francisco de Assis, também nós, seus Confrades, agradecemos e nos alegramos no Altíssimo e Bom Senhor porque Ele enriqueceu-nos com este 'homem de tanto valor, ... o companheiro tão necessário e o amigo tão fiel' (1Cel 24)", rezou o Provincial.

Frei Fidêncio explicou que Dom Paulo teve uma passagem relativamente curta, mas muito significativa, pela Província da Imaculada Conceição até ser nomeado bispo auxiliar da Arquidiocese de São Paulo. Nesses 50 anos como bispo, contudo, nunca deixou de visitar o Convento São Francisco, no Centro de São Paulo. "Os Frades que viveram no Convento São Francisco, nos seus 50 anos de bispo, são testemunhas desta alma franciscana que em vários momentos significativos continuava a valorizar a Fraternidade como um dos pilares do carisma de São Francisco de Assis".

O Ministro Provincial explicou que a certeza que alimentou e levou São Francisco a acolher a morte como amiga e irmã, é a proclamação desta verdade: "Felizes os que ela encontrar conformes à tua santíssima vontade". "Creio que todas as pessoas que acompanharam Dom Paulo, certamente hoje compreendem a tamanha entrega que ele fez de si a tudo o que foi valoroso e significativo na vida dele: a família, a vida religiosa franciscana e o seu pastoreio como bispo, cuidador do povo a ele confiado, para que todas as pessoas fossem respeitadas a partir da dignidade como direito inalienável. E foi assim que a irmã Morte encontrou Dom Paulo: vivendo em conformidade à santíssima vontade, segurando na mão sua cruz peitoral para nos dizer que a 'Perfeita Alegria', isto é, a glória maior da vida cristã está na cruz de nosso Senhor Jesus Cristo", explicou o Ministro Provincial dos Frades Menores da Imaculada.

Participaram da missa familiares de Dom Evaristo, que ressaltaram o toque franciscano da celebração.

Frei Gilson Nunes, Provincial dos Conventuais, leu a mensagem do presidente da Conferência da Família Franciscana, frei Ederson Queiroz, OFMCap: "A Conferência da Família Franciscana do Brasil (CFF), unida à Província Franciscana da Imaculada Conceição do Brasil e à Arquidiocese de São Paulo, canta os louvores do Senhor pela irmã morte. A irmã morte corporal que introduziu na alegria da Ressurreição nosso Confrade e bom pastor, Dom Paulo Evaristo Arns. Frei Paulo, digno filho de São Francisco de Assis, deixou-nos um rastro de fidelidade a Deus, à Igreja e aos pobres. Sua vida franciscana o mergulhou na realidade da grande cidade de São Paulo. Tornou-se a voz dos sem voz, sobretudo daqueles que foram perseguidos pela ditadura militar. Fez do púlpito sua arma pela paz e, como pai, bradava pela vida dos seus filhos, tragados pela malícia de um sistema perverso. Como seguidor do *Poverello* de Assis, deu a vida pelos pobres. Por isso, tornou-se conhecido como o Cardeal das Periferias, o Cardeal dos Operários, o Cardeal do Vaticano II, o Cardeal do Diálogo Inter-religioso, o Cardeal Franciscano. Sua vida simples e próxima dos simples irradiava ternura e alegria, própria de quem vivia sob o signo da esperança. E de 'Esperança em esperança', foi mais do que seu lema episcopal, foi a maneira de estar na vida irradiando confiança de quem acreditava que, para além da escuridão da noite, lindo seria o nascer de um novo dia.

Hoje, um sentimento de orfandade toma o nosso coração; o filho de São Francisco levou consigo muitos segredos, sobretudo os segredos dos pobres, as lágrimas das mães, a rebeldia da juventude, o sonho de uma nova Pátria e os introduziu nos céus, junto ao trono do Cordeiro. Podemos imaginá-lo como anjo da Igreja da Pauliceia, dizendo: Amém, Amém! Vem Senhor Jesus!".

Já o Vigário Provincial da Província da Imaculada, Fr. César Külkamp, leu a mensagem do Ministro-Geral da Ordem dos Frades Menores, frei Michael Perry, que destacou que "Dom Paulo antecipou o que o Papa Francisco vem insistindo ao pedir uma Igreja em saída".

O povo, que veio em massa prestar as últimas homenagens, pôde acompanhar a celebração antes do sepultamento por telões na Praça da Sé.

Sepultado na cripta da Catedral

O cardeal Scherer, arcebispo de São Paulo, presidiu a missa de sepultamento, às 16h do dia 16 de dezembro, depois do longo velório que começou na quarta, dia 14, às 20h. Durante todo esse tempo, de dia e de noite, a fila de povo não se interrompeu, a não ser durante as celebrações de missas, que foram 23. Nos momentos de maior fluxo de fiéis, passaram ao lado do caixão de Dom Paulo, a cada hora, aproximadamente 1.500 pessoas, fazendo com que as filas para a despedida final ao Cardeal da Esperança ultrapassassem o marco zero da Praça da Sé em alguns momentos.

A celebração teve intensa presença do clero da Arquidiocese de São Paulo, entre os mais de 180 sacerdotes, e de bispos de todo o país, incluindo Dom Leonardo Steiner, bispo auxiliar de Brasília e secretário-geral da CNBB, e os cardeais Cláudio Hummes, arcebispo emérito de São Paulo, Eusébio Scheidt, arcebispo emérito do Rio de Janeiro, cardeal Orani João Tempesta, arcebispo do Rio de Janeiro, cardeal Raymundo Damasceno Assis, arcebispo emérito de Aparecida, e Dom Sérgio da Rocha, arcebispo de Brasília e presidente da CNBB, além de outras autoridades.

Ao término da missa, o cardeal Scherer leu o Testamento de Dom Paulo Evaristo, onde se dizia:

Agradeço ao Pai do Céu por todos os benefícios em favor de São Paulo, do Brasil e do mundo por ele criado. Que perdoe nossas faltas e as de nossos irmãos todos. Nada possuo na terra que não seja graça e bondade de Deus, por Jesus Cristo no Espírito Santo. Destino tudo a que chamo de bens à Casa São Paulo [espaço que acolhe padres idosos e doentes], como prova de amor ao clero de nossa Arquidiocese. Com simplicidade, peço ao senhor arcebispo e ao conselho de presbíteros que sejam executores deste meu desejo.

Uma salva de palmas ecoou por toda a Catedral da Sé após a leitura do testamento.

O caixão com o corpo de Dom Paulo foi, então, transladado do presbitério à cripta da Catedral da Sé, onde o cardeal Scherer realizou os ritos finais das exéquias, antes do sepultamento de Dom Paulo. A cripta da Catedral abriga as sepulturas de dois outros franciscanos, antecessores de Dom Paulo: Dom Frei Antônio da Madre de Deus Galvão, segundo bispo de São Paulo, que governou de 1749 a 1764. E de Dom Frei Manuel da Ressurreição, que foi o terceiro bispo de São Paulo e governou de 1771 a 1789. Também o quarto bispo de São Paulo foi franciscano: Dom Frei Miguel da Madre de Deus da Cruz. Deixou-se sagrar mas, alegando problemas de saúde, renunciou em 1795, sem tomar posse, conseguindo depois ser nomeado arcebispo de Braga.

Todas as paróquias da Arquidiocese celebraram missa de sétimo dia no dia 21, quarta-feira, em plena novena do Natal. Na primeira leitura se lia: "O inverno já passou. As chuvas pararam. Aparecem as flores em abundância. Chegou o tempo das belas canções" (Ct 2,11-12).

A Coroa de Flores enviada pelo Presidente Temer trazia esta dedicatória: "Ao guerreiro do amor, nossa gratidão". O Brasil teve luto oficial por três dias.

A Rádio Capital estampou no jornal *O Estado de São Paulo* meia página de cima abaixo no dia 16 de dezembro com esta frase: "D. Paulo, o Anjo da Guarda do Brasil. A esperança não morre".

Algumas frases de Dom Paulo

Ao menos dois livros saíram com pensamentos de Dom Paulo. Um em 1982 *Pensamentos* e outro em 2006, último da lista de sua obra: *Estrelas na noite escura* (ambos pela Editora Paulinas). Este último foi organizado por sua secretária, Maria Ângela Borsoi. Enquanto preparava esse elogio, recolhi outras frases marcantes dele. Dou algumas:

- O entusiasmo é dom divino e flúor indispensável para conservar a seiva vital.
- Toda solução totalitária traz em seu bojo a morte da liberdade, e normalmente o aniquilamento dos que lutam pelos direitos fundamentais do homem.
- Possuir, jamais! Deixar-se possuir, também não! Ser livre, para tornar livre.
- Não importa ter dinheiro nem vale a pena receber honras e benefícios e, muito menos, ser venerado por parte dos homens. O que conta é todo gesto de amor praticado por causa do Evangelho.
- A utopia é a união de todas as esperanças para a realização do sonho comum.
- A esperança do mundo está entregue às mãos dos mais pobres. Eles são os depositários das promessas do Reino para a formação de um mundo novo.

- Eu gostaria de ser lembrado como amigo do povo, porque eu defendi os direitos humanos de todo o povo, sem olhar religião, sem olhar ideologia, sem olhar para as capacidades ou possibilidades das pessoas que eram perseguidas, mas sim para que todas elas tivessem seus direitos garantidos e a dignidade humana revelasse o amor divino.
- Ser corintiano é um contínuo exercício de esperança.

Farol alto no contexto eclesial e civil

"Procurou manter alto o farol da fé nos caminhos dos homens, sensível aos fermentos de renovação presentes no contexto eclesial e civil e movido sempre pela preocupação de realizar com fidelidade as orientações conciliares na edificação e consolidação da Igreja. Ao recordar os valiosos serviços por ele prestados à Igreja inteira com grande solicitude pastoral, a minha admiração e fraterna estima tornam-se oração, invocando junto com o Divino Mestre o prêmio reservado aos seus discípulos fiéis" (cardeal Pietro Parolin, secretário de Estado).

Epílogo

JUAN JOSÉ TAMAYO

Depois de ler atentamente cada uma das contribuições deste livro copublicado pelo professor Agenor Brighenti e eu, que são mais evocativas, é difícil resumir neste epílogo – que necessariamente deve ser breve – a riqueza da longa vida – faleceu tendo completado 95 anos – de frei Paulo Evaristo Arns. Contudo, vou tentar fazê-lo no gênero literário de decálogo.

1. Paulo Evaristo Arns foi um lúcido intelectual, que participou de debates públicos em torno das grandes questões que preocupavam seu país; um brilhante e prolífico escritor, com mais de cinquenta livros de sua autoria; um patrólogo de prestígio, que manteve uma relação pessoal – salva a distância cronológica – com os teólogos cristãos dos primeiros séculos do cristianismo. Foi também, nas palavras de seus alunos, um professor que educava de forma crítica e que, longe de obrigá-los a repetir o aprendido em suas aulas, ensinava-os a pensar.

2. Arns não foi "padre" conciliar. Sua nomeação episcopal ocorreu em 1966, um ano após do término do Concílio. Mas foi "um filho reconhecido do Vaticano II e pastor fiel em sua aplicação pastoral junto aos pobres" (Francisco Altemeyer Junior). Ele colocou em prática as decisões conciliares em sua Arquidiocese de São Paulo (Brasil), da qual foi primeiro bispo auxiliar e, depois, arcebispo durante 32 anos. Esteve em plena sintonia com o Papa Paulo VI, que o nomeou bispo e, em 1973, o fez cardeal. Considerava-o "o Papa da intuição. A melhor intuição da história que conheci na minha vida", dizia sobre ele. "Não só da história particular do meu país, mas da história da Igreja universal, ao apreciar com realismo e extrema lucidez, as condições nas quais se encontrava. Foi profético ao intuir que a realidade havia mudado e que não se deveria ter ilusões, já que não se tratava de povo cristão".

3. Participou ativamente e desempenhou um papel muito importante nas Conferências do Episcopado Latino-Americano realizadas em Medellín, Colômbia (1968), Puebla, México (1979) e Santo Domingo, República Dominicana (1992). "Em Medellín e em Puebla", afirmava, "a Igreja na América Latina descobriu sua alma franciscana". Reconhecia que Medellín havia introduzido os bispos em uma nova perspectiva pastoral, em favor dos pobres. Em Puebla, leu uma lista de cerca de mil nomes de sacerdotes e religiosos mortos, presos, torturados e deportados, desde a celebração da Assembleia Episcopal de Medellín. A leitura causou um grande impacto entre os seus irmãos no episcopado. Em 2007, já emérito, não pôde participar da Conferência Episcopal Latino-Americana de Aparecida, Brasil, mas seu

espírito libertador esteve muito presente, presença sentida por seus colegas.

4. O cardeal Arns foi especialmente sensível à dor das vítimas, a quem ele sempre acolheu e teve como prioridade. Mostrou sua solidariedade com as esposas e mães dos políticos e sindicalistas desaparecidos durante a ditadura militar. De acordo com sua própria confissão, os rostos daquelas mulheres "deixaram em sua memória uma marca de dor", e o que mais lhe fez sofrer foi "não poder aliviar, muitas vezes, tanto sofrimento".

Sendo o grão-chanceler da PUC-SP, acolheu professores demitidos, perseguidos ou censurados pela ditadura, entre eles o cientista social Florestan Fernandes, reconhecido como "patrono da sociologia no Brasil" (Heloísa Fernandes) e o pedagogo popular Paulo Freire, autor de *Pedagogia do oprimido*. A cúria episcopal também se tornou lugar de refúgio para os exilados.

5. A opção pelos pobres foi sua atitude ético-evangélica. Considerava uma graça ter atuado sempre em favor dos pobres, "os prediletos de Nosso Senhor", que ele acreditava ser inseparável da fé dos apóstolos. Para ele, estar ligado a esta fé implicava "a audácia na defesa dos pobres e a denúncia da injustiça". Não tomar partido pelos pobres significava "trair o Evangelho". E pregou com o exemplo. Um dos gestos mais coerentes nessa direção foi a venda do palácio episcopal ao ser nomeado cardeal, a distribuição do montante da venda aos pobres, com a criação de centros comunitários na periferia e de albergues para acolher os sem-teto.

6. O cardeal Arns soube conjugar harmoniosamente o trabalho pastoral e a teologia. Foi pastor sem deixar de ser teólogo. No

exercício de sua atividade como bispo, sempre teve muito presente a formação teológica, pois uma pastoral eficaz exigia teólogos bem formados, em plena sintonia com a situação do povo sofredor. Tinha muito claro que o objetivo da teologia latino-americana não era incorporar novos capítulos à teologia anterior, mas levar a cabo uma mudança de perspectiva, que partisse da tensão permanente ao longo da história entre o cristianismo vivido pelos pobres e as adaptações feitas pelas classes dominantes, que pretendiam colocar o cristianismo ao seu serviço. Embora os pobres não elaborem uma teologia sistemática, são fiéis às intuições evangélicas, e essa é a sua melhor contribuição para a teologia.

Em dezembro de 1984, enviou a Roma o documento *Notas sobre a Libertação e a Igreja na América Latina*, elaborado pelo teólogo frei Gilberto da Silva Gorgulho e assinado por ele mesmo, onde defendia a necessidade de "buscar a própria essência [da teologia] prévia aos revestimentos das falsas teologias que impregnam a cristandade". Advogava em buscar a humanidade de Jesus, "que não significa negar sua divindade, nem renovar ... o antigo nestorianismo. Pelo contrário, significa voltar a encontrar o verdadeiro significado da afirmação da divindade de Jesus". E concluía: "É a vida humana de Jesus que nos conduz aos pobres e à sua libertação".[1]

Neste texto, Arns estava expressando sua mais profunda convergência com a teologia latino-americana da libertação e, em especial, sua sintonia com Leonardo Boff, a quem o cardeal Ratzinger, outrora promotor do teólogo brasileiro, lhe impusera um

---

[1] Texto citado em Francisco Altemeyer Junior, Hijo del Concilium Vaticano II: Fray Paulo Evaristo Cardenal Arns. In memoriam: *Concilium* 370 (2017)171-172.

período de silêncio, como sanção por seu livro *Igreja: carisma e poder*, em um processo instaurado em Roma em 1984, no qual Boff esteve acompanhado por seus irmãos franciscanos, os cardeais brasileiros Paulo Evaristo Arns e Aloísio Lorscheider.

7. A II Conferência do Episcopado Latino-Americano, realizada em Medellín em 1968, deu uma carta de cidadania eclesial às comunidades eclesiais de base e comprometeu os bispos na tarefa de promovê-las e animá-las a partir da convicção de que é através delas que a Igreja se torna presente "no mundo, contribuindo com a humanidade e a história". A III Conferência do Episcopado Latino-Americano da América Latina, realizada em Puebla em 1979, reconheceu, em continuidade com Medellín, que o desenvolvimento das comunidades eclesiais de base constitui "uma das razões da alegria e da esperança para a Igreja". Nesta Conferência, os bispos latino-americanos fizeram a seguinte declaração solene:

> Como pastores, queremos decididamente promover, orientar e acompanhar as comunidades eclesiais de base, de acordo com o espírito de Medellín e os critérios da *Evangelii nuntiandi*; favorecer a promoção e a formação gradual de animadores para elas. Em especial, é necessário fazer com que as pequenas comunidades, que se multiplicam especialmente na periferia e nas áreas rurais, possam adequar-se também à pastoral das grandes cidades do nosso continente.

Em cumprimento do compromisso assumido em ambas as conferências, o cardeal Arns fundou em sua Arquidiocese de São Paulo as primeiras comunidades de base, nas quais foi principalmente o laicato que assumiu o protagonismo e se comprometeu de cheio na dupla tarefa de anunciar o Evangelho e de responder às necessidades que exigia a sociedade de então.

8. Ao longo deste livro, tem-se insistido no papel fundamental desempenhado pelo cardeal Arns na denúncia da repressão estrutural, na condenação da tortura, no compromisso com a democracia, na defesa dos direitos humanos e na luta pela justiça durante a longa ditadura militar. Tais ações não foram para ele desvios de sua missão pastoral, mas inerentes à mensagem cristã.

9. Durante o pontificado de João Paulo II, foram constantes as pressões recebidas do Vaticano para que mudasse sua orientação teológica libertadora e sua pastoral conciliar e se adaptasse à linha neoconservadora, que então imperava em Roma. Uma das mais fortes foi, sem dúvida, a petição – ou melhor, a exigência – do Vaticano de não patrocinar a Assembleia da Associação Ecumênica de Teólogos do Terceiro Mundo (ASETT) sobre "eclesiologia das comunidades eclesiais de base", realizada em São Paulo, de 20 de fevereiro a 2 de março de 1980. Jon Sobrino define a dita Assembleia como "o ponto culminante do que havia começado em Medellín, mas de um Medellín que já estava seriamente ameaçado" e qualifica-a de "*in actu* uma assembleia jesuânica".

O cardeal resistiu a todas as pressões "e, sem medo algum, presidiu com toda solenidade a abertura da conferência, dando calorosa boas-vindas aos participantes e incentivando-os em sua missão de refletir sobre a mensagem de Jesus; da urgência em empenhar-se na superação da desumana pobreza na América Latina e no Caribe, na África e na Ásia, para alcançar a paz com a justiça, assim como frisando as responsabilidades pastorais dos cristãos e das igrejas frente a essa situação" (José Oscar Beozzo).

A sua resistência às imposições procedentes da mais alta hierarquia vaticana é mais uma prova da coerência com que sempre se comportou e de sua liberdade de espírito, de consciência e de atuação, que caracterizou sua vida.

10. Arns foi um testemunho luminoso da esperança. Esta virtude teologal marcou seu itinerário vital e episcopal até o fim de sua existência. Simbolizou-a em seu escudo episcopal, onde se lia: *Ex spe in spem* ("de esperança em esperança"). Dizia, "a esperança é tudo; é o sorriso da vida cristã. O que seríamos nós, que faríamos sem esperança?"

(Tradução do espanhol por Agenor Brighenti)

Imagens de Dom Paulo em família

Foto 47

Foto 48: Com sua mãe

Foto 49: Residência da família Arns, em Forquilhinha

Foto 50: Dom Paulo e Dra. Zilda Arns

Foto 51

Foto 52: Dom Paulo com Dra. Zilda e esposo Aloysio Neumann, em 1967

Foto 53: Como seminarista franciscano

Foto 54: Como seminarista franciscano

Foto 55: Em ato público

Foto 56: Em família

Foto 57

Foto 58

315

Foto 59: Em ato como cardeal

Foto 60: Em Conferência

Foto 62

Foto 61: Recém-ordenado, álbum da família

Foto 63

Foto 64: Dom Paulo com a família de Dra. Zilda Arns, em 1977

Crédito das fotos

Foto 1: Reprodução/internet; Foto 2: Reprodução/internet; Foto 3: Reprodução/internet; Foto 4: *L'Osservatore Romano*; Foto 5: Acervo de fotos do arquivo da Cúria Arquidiocesana; Foto 6: Felici; Foto 7: Reprodução/internet; Foto 8: Reprodução/internet; Foto 9: Reprodução/internet; Foto 10: UNHCR/E. Knusli; Foto 11: Douglas Mansur/Arquidiocese de São Paulo; Foto 12: Reprodução/internet; Foto 13: Silvio Correa/Agência *O Globo*; Foto 14: Nair Benedicto, acervo de fotos do arquivo da Cúria Arquidiocesana. Foto 15: Reprodução/internet; Foto 16: Arquivo *O Globo*, 31/10/1975; Foto 17: Arquivo *O Globo*, 31/10/1975; Foto 18: Ir. Jersey, MJC; Foto 19: Reprodução /internet; Foto 20: Reprodução/internet; Foto 21: Reprodução/internet; Foto 22: Reprodução/internet; Foto 23: Reprodução/internet; Foto 24: Reprodução/internet; Foto 25: Editora Sextante; Foto 26: Reprodução/internet; Foto 27: Agência Folhas; Foto 28: Vicaria de la Solidaridad, Chile; Foto 29: Reprodução/internet; Foto 30: Reprodução/internet; Foto 31: Reprodução/internet; Foto 32: Reprodução/internet; Foto 33: Reprodução/internet; Foto 34: Divulgação; Foto 35: Reprodução/internet; Foto 36: Reprodução/internet; Foto 37: Reprodução/internet; Foto 38: *Jornal do Brasil*; Foto 39: Reprodução/internet; Foto 40: Reprodução/internet; Foto 41: Reprodução/internet; Foto 42: Reprodução/internet; Foto 43: Reprodução/internet; Foto 44: Reprodução/internet; Foto 45: Reprodução/internet; Foto 46: Reprodução/internet; Foto 47: Álbum de família; Foto 48: Álbum de família; Foto 49: Arquivo Museu da Vida, Pastoral da Criança, Curitiba; Foto 50: Ir. M. de Lourdes Schramm, MJC; Foto 51: *O Estado de São Paulo*; Foto 52: Acervo do Museu da Vida da Pastoral da Criança, Curitiba; Foto 53: Álbum de família; Foto 54: Álbum de família; Foto 55: Álbum de família; Foto 56: Álbum de família; Foto 57: Acervo de fotos do Arquivo da Cúria Metropolitana; Foto 58: *O Estado de São Paulo*; Foto 59: Reprodução/internet; Foto 60: Reprodução/internet; Foto 61: Álbum da família; Foto 62: Arquivo *O Globo*, 24/8/1972; Foto 63: Vaticano; Foto 64: Arquivo do Museu da Vida da Pastoral da Criança, Curitiba.

Impresso na gráfica da
Pia Sociedade Filhas de São Paulo
Via Raposo Tavares, km 19,145
05577-300 - São Paulo, SP - Brasil - 2018